证严上人说故事

释证严 著

复旦大学出版社

出版说明

《证严上人说故事》最初由台湾慈济文化出版社在台湾出版发行。

证严上人,台湾著名宗教家、慈善家,一九三七年出生于台湾台中的清水镇。一九六三年,依印顺导师为亲教师出家,师训"为佛教,为众生"。是全球志工人数最多的慈善组织——慈济基金会的创始人与领导人,开创慈济世界"慈善"、"医疗"、"教育"、"人文"四大志业。二〇一〇年,被台湾民众推选为"最受信赖的人"。如今遍布全球的慈济人,出现在全世界许许多多有灾难与苦痛的地方,通过亲手拔除人们的苦与痛,实践上人三愿:人心净化,社会祥和,天下无灾。

证严上人及慈济基金会的各种义举,得到国家有关部门的重视和肯定。二〇〇六年,慈济基金会获得"中华慈善奖"。二〇〇八年,海峡两岸关系协会会长陈云林访台期间,特意前去拜访证严上人,并对慈济基金会在大陆的各项慈善行为,做出了高度的评价。二〇一〇年八月,经国务院批准,慈济慈善事业基金会在江苏省苏州市挂牌成立,成为大陆第一家,也是唯一的一家由境外非营利组织成立的全国性基金会。

一九八九年,证严上人发表了第一本著作《静思语》(第一集);此后的数十年来,证严上人的著作,涵盖讲说佛陀教育的佛典系列,以及引导人生方向与实践经验的结集;这些坚定与柔美的智慧话语,解除了众多烦恼心灵的苦痛与焦躁。台湾民众有这样的说法——

> 无数的失望生命,因展读上人的书而回头;
> 无数的禁锢心灵,因展读上人的书而开放;
> 许多的破碎家庭,因展读上人的书而和乐;
> 许多的美善因缘,因展读上人的书而具足。

证严上人的著作问世后,在海内外均产生广泛且持久的影响。最近复旦大学出版社获得静思人文志业股份有限公司授权,在中国大陆推出"证严上人著作·静思法脉丛书"的简体字版。

《证严上人说故事》属于随缘开示书系,以平易、亲切、温馨的佛教小故事,将佛法的微言大义,生动而流畅地表达出来,对奔波忙碌的现代人而言,不啻是轻巧馨香的心灵妙方。本书收录五十多则故事,包括佛陀与弟子们的生活点滴、王室贵族的福祸因果、市井小民的善缘奇遇。希望能给读者以启迪。

复旦大学出版社
二〇一一年十月

目 录

上 篇
佛陀和他的弟子们

目犍连救母	002
鸠摩罗迦叶母子的故事	006
舍利弗露宿记	012
"不残食戒"的风波	016
阿难结集经典的因缘	020
佛陀对难陀的教育	025
梵德比丘的故事	028

善说法的毗阇提比丘　　　032
息思比丘的故事　　　035
那芬比丘的故事　　　039
慈心的拘那罗王子　　　044
宾头卢应供记　　　048
阿那律陀的过去因缘　　　051

中　篇

五浊恶世度有情

佛陀的苦行因缘　　　056
金地藏的故事　　　060
长者之子悔过记　　　065
雪山仙人的故事　　　068
王子与仙人　　　074
佛陀与提婆达多的宿世因缘　　　081

伟大的教育家	*086*
"不幸"的故事	*090*
祇园的兴建因缘	*093*
一位年轻比丘的遭遇	*097*
频婆娑罗王捐林地	*101*
圣者的真谛观	*104*
长者布施的故事	*107*
末利夫人的故事	*114*
五百采女闻法记	*119*
神射手的王子	*123*

下 篇
福德与业果

小国夫人的福报因缘	*130*

业果的故事	*133*
饿鬼与天人	*136*
婆罗门请法记	*139*
世间四事不可轻视	*143*
维摩诘居士的布施观	*146*
维摩诘居士的却敌法	*149*
双头鸟的故事	*152*
美丽的鹿角	*155*
补鼓与狐狸	*158*
大象与小狗	*161*
燃烧的六根之火	*165*
长者之子学佛记	*169*
外道教徒的问难	*173*
是非止于智者	*176*
调御丈夫	*179*
丑公主的因缘	*183*
清净之爱	*186*
二十亿比丘	*191*
佛陀与外教徒	*194*
悲智双运的智者	*197*

农夫寻牛记　　　　　　　　　　*201*

敬真老和尚　　　　　　　　　　*205*

米老大的故事　　　　　　　　　*208*

农夫与锄头　　　　　　　　　　*212*

护生的故事　　　　　　　　　　*215*

迷失的孩子　　　　　　　　　　*218*

孙陀利的业果　　　　　　　　　*220*

上篇

佛陀和他的弟子们

佛陀的经论,都是在教导我们行菩萨道;
积极地投入社会,身体力行实践佛教精神;
能付出的人生最快乐,也最踏实。

目犍连救母

有一次,目犍连尊者在七月间结夏安居打坐时,突然想起生身的母亲;因为母亲在世间时贪、瞋、痴的行为三项具足,对人、处事都有非常不好的举止,他非常担心,不知道母亲往生后,到底会落在何处?目犍连急于想知道他的母亲生在何处,于是进入定中看到一处很恐怖的地方,原来那里就是地狱。

在地狱中,目犍连尊者看到被行刑的罪人,样样刑具都有,每一个都非常的可怜,真的非常苦啊!再走到饿鬼道的境界中,他看到的饿鬼模样都是:圆又大的肚子、细又长的脖子、干如柴枝般的手脚,每个都在哀嚎、饥饿难耐,那种境界令人惨不忍睹。当他看得十分不忍时,忽然看到日日夜夜思念的人——他的母亲。

他的母亲也如同饿鬼道的众生一样,愁容满面、泪水涟涟,饥饿正煎熬着她,目犍连尊者看了内心非常痛苦。目犍连问她的母亲受了哪些苦报?她的母亲说:"我非常饥饿,没有水、没有食物可吃;肚子里好像有火在烧,我急需要水,还有粮食!"目犍连尊者在佛陀的弟子中号称神通第一,他立刻运用神通,变出一钵饭、一壶水,恭恭敬敬地送到母亲面前。他的母亲十分欢喜,尽管双手无力,也急急忙忙伸手来接。她忍着颤抖和痛楚,将食物拿到嘴边,想先喝口水再吃饭;可是,饭与水才一到嘴边,她的口中就吐出一团大火,瞬息间水干了,饭也变成了焦炭。

目犍连看到了这种境界,非常痛心也觉得万分无奈,尽管他的神通广大,但是母亲的业障如此深重,让他无能为力!因此带着万分的失望从定中醒来。

当他出定后,赶紧去请教佛陀,在佛陀面前恭恭敬敬、五体投地礼拜说:"佛陀!我心里很痛苦!到底我的母亲曾种下什么业?要用什么方法才能救她呢?"他泪涟涟地诉说。

佛陀说:"众生的业力确实是自作自受啊!你的母亲生时造下了贪、瞋、痴的恶业;她贪图别人的劳力与财力而造业;除了贪业之外,且有憎恨心,不懂得赞叹他人、时时毁谤造业。她心中的瞋火十分旺盛,生前也不懂得尊重三宝、不肯修行,反而毁谤三宝,这样的痴业使她无法得救;自己造的业必须自己承受罪报,业如须弥山,任何人都对它无可奈何啊！"

目犍连尊者听了佛陀的开示，心里觉得很无奈，但他仍请求佛陀给他力量，教他如何救度自己的母亲。他的一番孝心，令佛陀感动，佛陀说："要救你的母亲，光凭你的神通是不够的；因为你的母亲业障太重，必须靠许多有修行且已证果的僧众，将清净的福业累积在一起，用心力一起回向来帮助她。"

目犍连尊者说："我要去哪里找这么多有清净福业的人呢？"

佛陀说："这倒不难！从四月结夏安居到七月期间，许多清净的比丘专心致力于去除烦恼，增长智慧，在这段期间已探讨了真理，透彻了妙法，这些僧众就具有最清净的福德；如果能请这些人同心合力为你的母亲祝福，那么她就可以得救了。"

目犍连尊者听了，内心非常欢喜，他就向每位僧伽、比丘一一顶礼请求。佛陀又告诉他："你应该为你的母亲造福，在七月十五日当天，也就是解夏那一天举行供僧与大家结善缘；以这分清净心加上欢喜心，共同为她祝福，这就是一股很大的力量，唯有这股力量才能转她的业。"

于是目犍连尊者，在七月十五日那天，准备了很丰盛的素斋，并且在每一位比丘面前准备了一盆清水，并亲自奉上让比丘们净手——因为印度人用手抓饭团吃。他用最虔诚的心来供养，这一场供养非常的殊胜庄严。之后，大家的心力凝聚在一起，同心为他母亲祝福，因为每个人平时勤于修行，福德具足，这股福慧、欢喜凝聚的加持力量确实非常大。

目犍连尊者在当天晚上初夜时分，于定中看见一位很庄严的天人从远处飘飘然而来，向他顶礼，仔细一看，原来是他的母亲。她向目犍连尊者答谢说："蒙受你的力量和孝心以及众多尊者的慈悲愿力；更承受佛陀的慈心加持，我已超越饿鬼的境界，现在要生天道了。"目犍连尊者见到此一境界，非常高兴，出定后赶快去向佛陀礼谢，也向所有的比丘顶礼。

目犍连尊者孝心殷切，又承受着众人的慈悲、智慧及清净福业的帮助，所以他的母亲得救了，目犍连非常的感恩。因此，故事就这样被流传下来，从此大家认为要为亡者祈福，必须在"结夏安居"结束的七月来供僧，这也是孝心及感恩心的表现。

鸠摩罗迦叶母子的故事

佛陀的僧团中,有一对母子一同修行,其中有一段很感人的故事——

有一天,僧团里大家都很高兴地为鸠摩罗迦叶尊者庆祝,因为他在静坐中看到一群白蚁,他很用心观察这群白蚁的生态,结果忽然彻悟了;他发现每一种生物都有自己生活的形态,也都有尊贵存在的意义。为何佛陀尊重众生的生命?因为"蠢动含灵皆有佛性",他深深体会到这种生命奥妙的道理。

他出定后,即向佛陀报告自己对生命的理解,佛陀很欢喜并赞叹他"教义分析第一";能将生命融入教义之中,而且又分析得透彻圆融,佛陀很欢喜,大家也都为他祝贺。

这位鸠摩罗迦叶尊者自孩提时期就在僧团中生活,刚才说过有一段很美的故事,主角就是鸠摩罗迦叶尊者的母亲,她原是王舍城内一位富裕人家的女儿,从小就很聪明,但是一般少女所追求的美饰华服,她却一点儿也不希求,她的心一直处在平静具足智慧的状态中,并且敏感地体会到众生的生灭迁异、变幻无常;虽然是小小年纪,心里却充满对世间事物的矛盾和烦恼,因此她有一个心愿——想出家探究真理。

她向父母亲要求允许她出家,但是父亲不答应,她父亲说:"你是独生女,家业如此之大,怎么可以出家呢?"不论她再怎么哀求,父母都不允许。这女孩想:在家要孝顺父母,不能太忤逆他们,只好等嫁人后,再找机会向丈夫要求出家了。

到了适婚年龄时,父母把她嫁给当地一位很有名望的青年,出嫁后过着很幸福的生活。不过,她仍守着勤俭朴素的生活习惯,她的丈夫也对她很好,在这段婚姻生活中她怀孕了,但她却不知道自己已经怀孕。那时正好城里要举行一个很大的庆典,这是非常重要的节日,不论是城内或城外到处都张灯结彩、喜气洋洋,大家都装扮得很漂亮。那天,她的丈夫告诉她:"你平常都穿素色的衣服,也没有装扮,可是今天是个大日子,你应该要打扮打扮啊!"

她却说:"有什么好打扮?人的身体都是污秽不堪的;而且九孔还常流出不净物;生命无法长久,终究有死的一天,死后身体还不是烂了、臭了,装扮身体等于是在便器上洒香水一样,有什么用?"她丈夫听了又爱又气,一不小心脱口就说:"既然这样,那你何不干脆去修行算了!"她喜出望外地说:"啊!很感谢你,这就是我的愿望!如果你能成全我,那真是功德无量。"

她的丈夫没想到她会有这种反应,改口一直劝她,可是已没办法改变妻子出家的坚定意志,虽然她的丈夫万分地不舍,但也只好成全她的愿了。于是派了很多人又带着很多东西,护送她到一个比丘尼团去出家。

在那里她很快乐,但是当她的肚子一天天的大起来,比丘尼团里有人看了觉得奇怪,问她说:"你是不是怀孕了?你看起来像是怀孕了!"她说:"我也不知道。"比丘尼群中有人就带她去见提婆达多,因为那个比丘尼团是属于提婆达多的团体。提婆达多看了之后,非常不高兴地说:"我的团体里,怎么可以容纳这种怀孕出家的人?这会破坏我的名声。"说完,也没让她有辩解的余地,就要将她逐出比丘尼团。她知道自己要追求的并不是提婆达多的教法,所以就站起来向他行礼,表示愿意离开。

同行的比丘尼对她有一点同情,而怀孕的女子又央求她说:"我希望能转到释迦牟尼佛的比丘尼团中修行,你能否好心地陪我一程,让我投靠于佛陀座下的比丘尼团?"那位比丘尼真的就陪她走了四十五由旬的路程,去拜见佛陀。

佛陀得知她来自提婆达多的比丘尼团,也考虑了一下,心想:"如果收留她,外面的人会议论纷纷,说我接收了被提婆达多所摒弃的人;但是众生平等,也应该让她有发愿修行的机会。"佛陀即运用智慧,要将事理分辨清楚,不但要还她清白,也使真相大白。

因此,邀请国王和给孤独长者,以及当地的护法信徒;在黄昏的时候,佛陀就派优婆离尊者主办这件事,因为优婆离持戒清净第一,佛陀就把这个任务交付给优婆离。

优婆离尊者就在国王、大臣、居士、长者群中,请长老比丘尼陪着她,然后又请一位当地很有名望的妇女出来,告诉她:"请你们将这位修行女带到布幔里,问她什么时候结婚?什么时候出家?要验明怀孕的时间,如果是在夫妇的生活期间怀孕,那就是清白的;如果是出家后才怀孕那就是不清净,你要好好问清楚。"就这样,由那位贵妇人直接和她交谈,甚至还看看她身孕的大小。了解真相后,贵妇人向大家宣布她是在婚姻生活期间怀孕,她是清白的;至此真相大白,佛陀就允许她在比丘尼团中生活,住在另外一间房子待产。

足月之后,她生下一个男婴,很可爱。有一天,国王从尼众精舍路旁走过,听到有婴儿的哭声,国王奇怪地问:"为什么在修行的僧尼团里有婴儿的哭声?"

随从的人报告说:"国王,您应该没忘记几个月前佛陀召集的事,那位比丘尼已经生产了。"国王听了也很高兴,心想:一个出家人,怎能带孩子在僧尼团里?于是领养那小孩,带去宫里付托给另外的王亲抚养,取名为鸠摩罗,也给他一个王子的名位,后来大家都称他为——鸠摩罗王子迦叶,到了孩子七岁时,国王又将他送回僧团,让他出家当小沙弥。

这个小孩很聪明,辩才无碍,非常伶俐。他在僧团中被养大成人,因此他的戒行和修持都很好,是一位很用功的修行者,他看到万物的生态即用心体会、入定,因而开悟。在佛陀的僧团中,这对母子的故事很完整,而鸠摩罗王子迦叶的母亲在比丘尼团中也成为一位大德尼。

由此可见,佛陀的智慧和慈悲可以包容一切众生,可以分析事理,让大众证明她是清白的,让她出家而无任何污点,这就是佛陀的大悲和大智;反观提婆达多就没有这分智慧;所以大爱、小爱、智慧、愚痴,我们必定要认清楚。

舍利弗露宿记

学佛最基本的是要学习互相尊重、彼此和睦,这也是佛陀教育弟子们的重要课题——长幼有序。

佛陀在世时,常在恒河的两岸教化众生,有一回来到王舍城,舍卫国的给孤独长者就到王舍城邀请佛陀,请示佛陀是否在王舍城宣讲完后能转到舍卫城弘法?佛陀很欢喜地接受了。

当时从王舍城到舍卫城,唯一的一条路,就是从王舍城往北直走,然后由恒河渡船过去,再继续往北走;经过须弥山(即现在的喜马拉雅山),还要走过蜿蜒险要的山腰,接着再往西走好几天才能到达。他们走到接近舍卫城的途中,已近黄昏,弟子群中就有人说:"佛陀,大家都已经很累了,今天绝对无法到达舍卫城,是否在附近的精舍休息一夜?"佛陀慈悲地答应了,就在附近的精舍安顿。

印度的气候白天炎热,晚上寒冷,佛陀睡到半夜时感觉有点冷即起身端坐。那时佛陀突然打了一个喷嚏,而且听到外面也有人在打喷嚏,往外一看,原来树下有一个人。佛陀就问:"树下是什么人?"

外面的人回答:"佛陀!是我,舍利弗。"

佛陀说:"来!你为什么在树下?"

舍利弗说:"佛陀,昨晚到达精舍后,大家都急着找休息的位置,后来没位置了,我只好住在树下。"

佛陀听了,隔天早上就聚集弟子们说:"大家一定要互相尊重,为什么你们要争先恐后呢?你们可知道,在你们当中谁可以坐首位?谁可以喝第一杯水?谁可以受第一个施主供养的食物?"

那些比丘们因为太年轻了,大家的回答都不一样,有人说:"有王族身份的刹帝利族才可以坐第一位;因为他们的地位高,可以喝第一杯水、接受第一个供养。"有人说:"不对,应该是婆罗门宗教家,因为宗教家地位崇高,出家后更应该尊重他、礼让他。"有人说:"不对,应该是修行得到神通的人才可以坐第一位、喝第一杯水,受第一个供养。"

佛陀说:"诸位比丘大家注意听,在这里修行的人大家都是平等的,没有阶级的分别,不是其他宗教所能超越的，也不是得神通的人就可以坐第一位。在我的教团里，你们接受的是平等的教化，既然是平等的教化就要有彼此互相敬重、礼让之心，这个团体才会美。初出家的要知道尊重早出家的前贤，比你们年长的都要敬重；他们能够老实修行，戒行就比你们好，他们先出家，早吸收佛法，内修外行德行平齐就称作长老，你们年轻人要懂得敬重长老、尊重秩序。总之，能够修德修心，又能弘扬佛法的人就可以坐第一位，喝第一杯水，受第一个供养。"

佛陀讲完这些话后，那些年轻的比丘们已知道佛陀教化的主题了。昨晚因为大家都走得很累，每一个人都想找个好位置安歇，没考虑要礼让、尊重长老，让舍利弗在树下过了一夜，备受霜风露水，大家都很惭愧地向舍利弗道歉；此后他们便知道要彼此尊重，尤其是要依法礼让长老，因此僧团一片和气。

佛陀的教育就是在境界中随境"观机说法"，让弟子们去恶向善，知道什么人才可称为"长老"，应该如何尊敬他人，大家应如何互相体贴；像舍利弗露宿这件事，当时彼此若相让一点，即可空出一个位置，不是皆大欢喜吗？我们学佛一定要学会"去贪"，不要贪那么一点点，如果人人都能自我收敛一些,生活自然可以过得更和乐!

日常生活中,即使是很小的地方也不要轻视,若疏忽了,那么我们的心就会不安定;总之,学佛要从小处着手,对于肯用心的人而言,佛法确实就在生活当中啊!

"不残食戒"的风波

有一次,某位施主送了一些很好的食物到僧团,那时有些年轻的比丘出门托钵去了,而几位长老比丘已托钵回来。施主就把食物平分供养僧众,长老尊者当然都有一份,不在精舍的年轻比丘也各留一份。但是,佛陀有规定"不残食戒"也就是当天的食物一定要当天吃完,过了中午就不能吃了。

其中和舍利弗同住一间的一位年轻比丘还没回来,可是时间已快要过午了,有人向舍利弗建议说:"长老,眼看时间就要过午了,您为年轻比丘留的这一份,留着也是浪费掉,不如您把它用了。"舍利弗想想也是有道理啊!因为过了正午,这食物就不能吃了,丢掉又很可惜,于是舍利弗就把那一份必须咀嚼的食物也吃了。

正当他吃完时,那位年轻的比丘回来了,舍利弗就告诉他:"哎呀!你回来晚了,某某长者送来美食,本来也帮你留了一份,可是你太晚回来了,所以我就吃了。"年轻的比丘听了心里很不欢喜就回他一句:"好吃的东西,大家当然都想吃。"

舍利弗听了心里很不舒服,他觉得只因为吃了他那份就被说得这么难听,好像说他很馋嘴一样;舍利弗就回应他:"从今以后,我再也不要吃需要咀嚼的食物!"

从那时候起,不管是早上或中午,他真的都不再吃须经过咀嚼的食物。时间久了,大家都很为他的身体担心,心想:长老为了这件事而拒绝食物,要如何是好呢?大家就议论纷纷。佛陀看到三三两两的比丘在那儿交头接耳,即问道:"你们在讨论些什么呢?"其中一位弟子就如实向佛陀报告。

佛陀说:"这是舍利弗的余习未尽啊!在久远劫前,有一个人不小心踩到一条蛇的尾巴,蛇回过头咬了他一口!没多久,那个人的脚就肿起来了。家人很着急,赶紧请医生来,医生看了之后说:'这是被毒蛇咬伤的,治疗的方法有两种:一是把那条蛇抓回来,让它把毒液吸回去,他就不会有生命危险;另外则须以药物治疗,不过时间上可能要比较长。这两种方法让你们选吧!'

"家属觉得让蛇把毒液吸回去,这方法最快了,于是就把那条蛇抓了回来,医生想尽办法要使蛇舔回毒液,但是那条蛇不肯就是不肯。大家又想了一个办法:生起一堆火要逼它就范。但是,蛇宁可爬入火坑也不愿意把毒舔回去。医生看到这种情形,赶紧把蛇拨开,不得已才用药物为伤者治疗。"

佛陀说完这个故事,又向比丘们说:"你们知道吗?当时那条蛇就是现在的舍利弗,那位医生就是我。当时那条蛇宁死也不肯吞下一口闷气,现在的舍利弗和当时毒蛇的习性不是一样吗?年轻比丘轻轻的一句:'好吃的东西,每一个人都想吃!'他听了就不愿再吞食必须咀嚼的食物,这种习气不是很像吗?"

舍利弗经过累世的修行,他的智慧那么高,平常说的话哪一句没有道理?平常哪一种是非看不开呢?但也仍有余习存在。凡人也是这样,人我是非在别人身上时,我们都看得很清楚,但是,若发生在我们自己身上时,却往往解不开,这是凡夫之所以为凡夫的习气,这些无明习气若能去除,那么距离成佛的目标就不远了。

由此可知,我们要常常警惕自己——当是非发生在别人身上时,我们可以排解,可是要记得反问自己,若发生在自己身上呢？我们是否能够突破？修行就是要修到既能排解他人的烦恼，也能扫除自己的烦恼，这才是真学佛者，也才是真正超凡的人！

所以，我常说离开人群没有什么法可修，在人群中才会有很多烦恼让我们磨练；学佛，就是要看得开、放得下，修行就是要去除烦恼、净化自己的心思，烦恼习气尽除才是真正的"证果"，真正开智慧的人。

阿难结集经典的因缘

我们现在能认识佛法，让佛陀的教理句句呈现在我们面前，这是阿难所成就的啊！

佛陀入灭后，经典必定要流传在人间，但是当时没有录音机，也没有发达的文具；佛陀应境说法、观机逗教，可是话一说过就没了，要怎样把佛法的精华点滴留下来呢？大家讨论的结果认为应该结集经典。所以很多人公推阿难负责结集佛陀的经典，阿难也觉得义不容辞，于是就承担下来。

但是，当时阿难尚未证得罗汉果，迦叶尊者在五百位已证果的罗汉面前，把阿难叫起来，故意激励他，说他的心还没有清净、烦恼还没有去除，所以没资格参加。尽管阿难低声下气地恳求，还是有人起来指责——阿难做佛陀的侍者时，对佛陀有欠尊重。因为有一回阿难帮佛陀折袈裟时，脚踩了佛陀的袈裟。阿难赶紧解释说："是有这回事，那是因为我折袈裟时，忽然吹来一阵风，将袈裟吹到脚底下，我不小心踩到，不是故意的啊！"

又有另外一位出来指责阿难做侍者没有尽心——有一次，佛陀身体违和，要阿难给他一杯水，阿难却不肯为佛陀盛一杯水。阿难回答："是有这件事，记得那时佛陀发烧，他真的需要一杯水，我从佛陀那儿接过钵来，赶紧跑到河边，我正要舀水上来时，忽然对岸来了一群牛，很快地冲过来，把原本清净的水弄得一团混浊，我不能将混浊肮脏的水拿来给佛陀喝啊！这也是不得已的事。"

又有人起来指责说："阿难！佛陀会提早入灭，也是你的过失啊！有一个时期，佛陀曾对你说：'佛可以住世五百年，也可以缩为八十年。'那时候，你为什么不赶快起来请佛陀住世呢？为什么你三缄其口呢？佛陀说了三次，若有人请求，他可以住世五百年，你还是不肯开口请佛陀住世！"

阿难回答说："佛陀曾说世间的众生刚强难调，若是需要他延长五百年，他可以住世五百年；但是那时候，我的心好像被魔遮蔽了，尽管我一直想开口，恳请佛陀再住世五百年，但是不知为何就是没办法开口讲出来，我也很懊恼啊！"那时，佛陀说了三次，无人回应，因此他决定八十岁就要入灭。阿难说这些话时,内心仍然很难过,甚至痛哭流泪;他觉得很后悔,恳切地向大众忏悔。

迦叶尊者裁判说:"阿难!由此可见你的烦恼心还没有断除,感情这么重,既然俗气未除、烦恼未尽,你还是出去好好调理你的心态,烦恼断尽以后再来。"就这样把阿难赶出去。

阿难离开了结集的场所回到自己的净堂,心里实在很后悔。不过他没有埋怨别人,只后悔佛陀在世时,自己为什么不知好好用功,为什么没有好好训练自己的心态,没有把污点、杂念完全去除。于是他不断地加紧用功,经过七天,他实在很疲劳,想要休息一下。那时,突然觉得整个身体很轻安,所有的烦恼顿时都空了,他满身的清净光明,那分轻安快乐,是无法描述的。

他很高兴,赶紧回到结集的道场内。他去敲门,可是没有人要替他开门,只叫他运用智慧进入。阿难运用了神通,终于进入结经场;他的心非常平静,从内心生起感恩恭敬和尊重,向在场的五百位罗汉和迦叶尊者恭敬顶礼,并描述他现在轻安清净的心境。那时,大家都为他欢喜,并请他赶紧将跟随在佛陀身边的所见所闻,再次宣诵出来。

阿难尊者走到中间的位置,正抬头挺胸开始要说法时,全场却有一番骚动,因为阿难站到讲台时满面风光,那分庄严的法相,让人以为是佛陀复活了;因为阿难本来就是佛陀的堂弟,他跟佛陀很相像,佛陀有三十二相,阿难已经有三十相。他站在讲堂时,那分心灵轻安所发出来的满面风光,给人的感觉真的像佛陀又站在大家的面前,所以有很多人怀疑,是不是释迦佛复活了?

有人说:"不可能,这不是佛陀复活,一定是他方的佛来了!也许是我们大家的虔诚,使他方的佛降临了。"

有的人说:"不可能,在娑婆世界除了释迦牟尼佛,哪还有他方的佛来呢?刚才明明是阿难从我们的面前走过,在我们面前的人明明是阿难,会不会是阿难已成佛了?"

阿难看到有的人怀疑——释迦佛复活,有的人怀疑是他方的佛到来,或者怀疑阿难已成佛了,他为了把这些疑问平息下来,所以就以"如是我闻"作为开头,要让大家知道——我还是本来的我——阿难。我某时、某处听到佛在为哪些人说法,现在从记忆中再次来叙述佛陀说的话。所以,他这句"如是我闻"有平息众疑的用意。

而"如是我闻"确实也足以平息争论。若说是阿难说的法,有些人可能会觉得——阿难跟我们一样啊!阿难说的话凭什么我们要相信呢?为了要让大家不要为了结集经典而互相争论,所以他用"如是我闻";这代表"佛说的法,而我听到了,现在照样说出来。"如此大家就没什么好争论了。

今天我们有经典可以阅读、听闻,是因为阿难他能耐怨、耐烦、耐磨,有这三种力量才能忍辱,才有办法再回到结集经典的道场,为我们"如是我闻"宣说经法。阿难在僧团里都得经过这三种考验,何况咱们凡夫在现在的团体中?因此大家要时时用心,效法阿难尊者耐怨、耐烦、耐磨的心性,才能成就我们的志业。

佛陀对难陀的教育

佛陀出去托钵,路过皇宫的楼阁,看到难陀和爱妃正在享受人间的爱欲之乐,难陀看到佛陀从远处渐渐走近,佛陀的庄严使他生起一股敬重之心;因此,难陀不由自主地从楼阁下来,走到佛陀面前合掌向佛陀顶礼。佛陀很自然地把钵交给他,难陀接过之后,佛陀又说:"跟我走!"难陀就捧着钵,跟着走到佛陀落脚休息的地方。

佛陀告诉难陀:"你不该沉迷在淫爱之乐,因为这是很危险的,你应该出家,出家才是解脱之道。"难陀受到僧团那分静谧的气氛所影响,于是真的出家了。

但是,难陀出家后,内心不能平静,每天都想回去,因为欲念未断,心无法沉定下来,僧团中的"六群比丘"又常常使难陀掉举昏沉,犯下许多规矩。

有一天,难陀又和六群比丘聚在一起,佛陀看到后,就叫难陀跟他走。佛陀带他来到市集,那里有卖鱼卖肉的摊子,地上有包过鱼肉的叶子,还有鱼血、鱼鳞和其他脏物。

佛陀叫难陀把那些叶子拿近闻闻看,难陀回答说:"佛陀,那些叶子不必拿近就已经很臭了!"

佛陀叫他把叶子卷好,扔到旁边,他也照做了。佛陀又要他闻闻自己的手,难陀说:"我的手很脏、很臭!"佛陀又叫他去擦手,他用草不断地擦,也无法去掉腥味。

佛陀告诉难陀:"你以前享受皇宫的富贵荣华;结婚后沉溺于淫爱之乐;出家后又和不守规矩的六群比丘在一起。你的人格已像那肮脏的腥物一样,虽然已没有拿在手上,但你的手还是脏的,即使用草去擦,臭味仍然去不掉!"

难陀听了非常惭愧,起了忏悔之心,佛陀运用这生活化的教育使难陀彻底知错。佛陀叫他去洗手,又告诉他:"从现在开始,这双手不要再去摸脏的东西,要像现在一样,忏悔则清净。"

他们又前行一段路,经过卖香的店铺,佛陀告诉难陀:"去要一个盛过香的盒子!"难陀依言而行,把盒子拿到佛陀面前。

佛陀问:"感觉如何?"

难陀说:"好香!由此可知店里有许多香材价值连城,虽然这是空盒子,却仍然很香。"

佛陀应机地说:"这就像人格的熏陶,香盒虽然是空的,但从香店取出的就很香;修行人也是一样,虽然还没有什么修为,尚未彻底了解真理、体悟本性,但在僧团中,若经常和清净的大比丘相处在一起,也能很快得道,像舍利弗、目犍连、大迦叶;若多亲近他们,也会使你渐有德风。"

这是佛陀对弟子们的生活教育,他知道弟子容易沉迷、心不稳定,于是用智慧配合实际的生活,对弟子循循善诱,让他了解熏习的重要。学佛就是在修心,如何调伏心念?一半要靠同修者的力量,所以"善知识"非常重要。

梵德比丘的故事

世间人有的具有"一闻千悟"的智慧,有的人则很愚痴,连一句偈也不会背。但是,愚痴和智慧没有绝对的分别,只要肯用心,智慧就能显现。佛陀在世时有一则公案,当时有二千多人在佛的僧团中修行,其中有一位是梵德比丘,他出家后经过一段很长的时间,跟着大众生活起居修行,平日都很守规矩,但只有一项缺憾,就是记忆力很差。大家听完经后都能理解,而他在听时似乎能了解,可是听完后却全忘光了。

佛陀就教他背诵,但是他听了就会忘记,怎么会背呢?佛陀就派五百位罗汉轮流教他。但是,经过三年后还是一偈不通,大家都认定他是极愚痴的人,所以法一听过就忘了。佛陀觉得人的智慧是平等的,差别在教学方式要领不同;教的人要用心,学的人要有耐心才能突破困难。佛陀很慈悲地告诉他:"你要耐心、用心地学,现在只要记得一偈就好。"佛陀叫梵德比丘眼睛注视着他,将心摄受在一起。佛陀循循善诱加以教导,要他记住:"守口摄意,身莫犯非,如是行者,得道是矣。"

佛陀的意思是要他——口业要守好,意业要摄住,身体不要犯规矩。如果能够这样,修行者自然能得道。梵德比丘看到佛陀慈祥的面容,听到佛陀的宏大慈音和谆谆的教诲,更深深体会佛陀的苦心。他知道不能辜负佛陀教诲的大恩,所以就很有耐心、不断地背诵和记忆,终于记住了这首偈文,而且可以琅琅上口,背得很顺。佛陀很欢喜,又叫他到面前背给大家听,大家都觉得很奇怪,为什么他会背了呢?

佛陀又说:"你的年龄已不小了,只背一偈不算什么,最重要是必须了解这首偈的内容,要认真听——身三、口四、意三*;这三样是凡夫心生灭的源头,我们的心要顾好,否则这十种不善的业报会使人堕入地狱、饿鬼、畜生道;而行十善业则会上天堂,所以要好好观照自己的内心,体会心念是如何兴起、如何消灭,其生灭方法是如何?确实要好好观照、把握每一分钟内心的事相生灭,才不会造

---

* 身三:杀、盗、淫;口四:妄言、绮语、两舌、恶口;意三:贪、瞋、痴。

身的三恶业、口的四恶业和内心的贪瞋痴等恶业。"

梵德比丘听了解说之后,才恍然大悟,深深体会内心生灭的道理;宇宙"生住异灭"的四项法门,他也体会到了,所以世间一切的道理都能豁然通达。

当时有一群比丘尼离开僧团到别处居住,佛陀就让五百罗汉轮流去向他们讲学。有一天,佛陀派梵德比丘去讲课,那些比丘尼看到梵德来了,不禁相视而笑,大家都知道他一首偈都记不住,为什么佛陀要派他来讲课?大家都抱着作弄他的心,心想:一定要让他难堪!于是表面上他们依礼请他进来,也请他上座,可是大家都用轻视的态度、傲慢地坐在他面前。

梵德尊者不在意别人给他的脸色,他还是很自在地坐下来。他开口就说:"我愚钝有加所学很少,能背诵的偈很浅,如果有说错的地方,请大家多包涵。"然后就开始将佛陀传给他的——身三、口四、意三的道理和守口摄意的方法很顺口地一一解说。

当时想反驳他的比丘尼听了,想说也开不了口,那堂课上得很成功,结束时所有的比丘尼都法喜充满、皆大欢喜,因此都非常恭敬地礼拜、再送他回去。由这个故事我们就知道,一个愚钝的人,只要教他的人用真诚的心去教导,对方自然会感恩而真正用心来接受,接着就有耐心去琢磨;也就是不论学或教,双方都必须有耐心和用心。

　　佛陀对梵德比丘的教法,就是循序让他知道人生无常、心念生灭不定,不只是大自然的生灭不定,人的内心也是如此;如果能体会了解分秒刹那无不是生灭的道理,自然会爱惜时间,更加精进,进而追求"常、乐、我、净"的境界。这就是佛陀的智慧,也是人生和大自然的真理。

善说法的毗阇提比丘

佛陀对于能够时时说好话的弟子经常加以赞叹,假若有人犯两舌恶口,佛陀也会加以严厉鞭策。在僧团中,有的人可以将佛陀的教育不断地向外弘扬;也有人非常的沉默,什么话也不说、不听;有的看起来非常沉静,但却能出口成章;但偶尔也难免有一些评头论足的杂音。总而言之,在僧团中,各种形态的口业也很多。

有一天,佛陀看到一群僧众围绕着一位比丘,大家都非常认真地听他说话,看得出那是心灵净化的交流。佛陀看在眼里、欢喜在心底,此后几天都是同样的情景,佛陀感到非常安慰。有一天,佛陀就问一位年轻的比丘:"你们常围绕在毗阇提比丘的周围,听他说什么呢?"

这位年轻的比丘面带欢喜的笑容说:"佛陀!毗阇提比丘平常很沉默,大家原以为他是一位不擅言词的人,没想到他一开口说法,却能句句深入人心!"

佛陀问:"你们对他的印象如何?"

他说：“我们对他非常恭敬，他是一位不贪利养、不爱名利的修行者。平时他沉静平实、平易近人；但是，一开口说法却能滔滔不绝，佛陀的妙法好像从他的口中再度涌出一般，这是我们恭敬尊重他的原因。”

佛陀就说：“你去找毗阇提比丘来。”

于是，年轻的比丘就去找毗阇提比丘，告诉他：“佛陀很关心你，正在找你。”

毗阇提比丘赶快来到佛陀面前礼拜，佛陀说：“毗阇提，我以前看你在听法时全无反应，原来你都很认真地将法听进去。听说你常在年轻的比丘群中，将自己的心得拿去教化他们，有这回事吗？”

毗阇提比丘说：“佛陀！您所说的法，我确实都很认真听，然后又在内心经过思考，把精髓妙法时时谨记在心。如果有人迷失或无法理解您所说的话，我就为他作一番说明，所以大家最近常围绕在我身边……”

佛陀说：“很好！很好！你能够将清净的妙法再源源宣流，达到净化的教育，这应该要持续；因为好话、妙法要多说。除此之外，其他的言语就不必多谈，要远离世俗之言，远离是非之事啊！”佛陀对毗阇提比丘的优点加以肯定,然后又对他细心叮咛,这即是佛陀的智慧和爱心。

　　许多人易犯的是利口辩辞或者话说得很好听却不实在;有的还会批评人,甚至作人身攻击,这都是口业啊!因为会说话的人不一定都说好话,所以佛陀叮咛毗阇提比丘要多说好话,平常就应沉静不可多言,尤其要远离世俗事,世俗话也不要说,不批评人我是非。佛陀对毗阇提比丘的教育,我们也要如同亲受一样,虽然我们离佛已二千多年,但是只要用心,佛法的妙用时时都可以发挥在生活中啊!

息思比丘的故事

人生不能离开日常生活,而日常生活不能离开与人相处,人与人相处,最令人欢喜的就是人人和睦,对人和睦才能过着欢喜的日子;反之,将会是满腹的怨气。而学佛,就是要先学习如何与人和睦相处。

什么样的人能够与人和睦相处?就是具有宽阔的胸襟、充足的爱心和懂得善解、包容的人;而心胸窄小、我慢的人,往往无法与人和睦相处。

在佛陀的弟子中,有一位是净饭王妹妹的儿子,叫做息思。他出家后,还带着王宫里的习气——优越感和我慢心。在僧团中,原本大家都很尊敬这群王子,而其他的王子们遇到人也都很高兴地与人打招呼,唯有息思,每次别人与他打招呼,他都是一副爱理不理的样子,因为他看不起别人。有人跟他说话,他总是动不动就面红耳赤、无法和颜悦色地对待人,他自以为高高在上,别人都算不了什么,所以一向都以这种态度对待别人。

佛陀好几次远远地看到他盛气凌人、不可一世的态度。有一天,佛陀就问一位年轻的比丘:"你们大家相处得是不是很和睦呢?"

年轻的比丘回答:"还好。"

佛陀再细心地问:"在僧团里面,有没有人比较特别,不能合群?"

那位比丘说:"有啊!息思比丘我慢心强,在僧团里面很不快乐,因为没有人敢去招惹他,他很孤单。"

佛陀说:"你去叫他来吧!"

息思比丘听到佛陀找他倒也不敢怠慢,很快地来到佛陀面前,也很恭敬地顶礼。佛陀慈祥地问他:"你在僧团里的生活快乐吗?"

息思无法回答,自己是否快乐呢?他自己也说不上来。

佛陀又说:"你是不是不快乐啊?"

他低下了头,佛陀就说:"你回头看看僧团的那群比丘?"

他向外看到一群群的比丘都那么和颜悦色,相处得很和睦融洽。他回过来,低头忏悔说:"佛陀!我知道错了,这一切都是因为我自己的贡高、瞋怒之心所引起的,所以无法与人群相处,才会过着不快乐的日子。"

佛陀问:"为什么无法与人合群呢?你自己仔细再想想。"

他自己静静地想了以后,向佛陀说:"佛陀啊!对别人我总是抱着轻视和我慢之心,而且每次看到别人欢喜地在一起,我就会生闷气,怒气不由自主地从心中生起,因此无法体会那分对人和睦的快乐。总之,可能是我傲慢、瞋怒之心太重了吧!"

佛陀说:"既然你的身份在俗家和我有这分亲缘,那就更应以身作则,谦让和气,你身为王子还愿意出家实在很难得,应该好好把握时间用功;因为人身难得、世事无常,所以才会想来出家。既然出家了,更要时时抱着体念无常的心态;既然知道人生名利富贵都不是实在的,那还有什么好贡高傲慢的呢?你应该好好克服自我这种无明习气,要不然一失人身、万劫难再啊!"

佛陀语重心长地说了这番话后,他深深地从内心忏悔。于是在佛陀面前说:"我一定会改过,从此刻开始我要痛改前非,过去的都是错的,从现在起我要用心学习,用智慧和慈悲来面对人群。"

当时,在僧团中的修行人,有很多人难免都有偏差的心态,佛陀必须不厌其烦地一一开导;在我们的日常生活中,也可能看到形形色色不一样的人生。一个常爱发脾气、看到人事物都无法起欢喜心的人多么可怜!即使再能干,但是若心量狭窄与人不和,别人虽然口服心却不服,惹得大家心中都有怨气,试想这样会和睦、快乐吗?这就是人格上的大缺点。

我们学佛必须用平常心来学,不可贡高傲慢,瞋怒的习气也不要那么重;若有这种毛病,最后吃亏的还是自己。因为,我们会让自己孤立起来,这是多么不愉快的事。修学佛法若想立群处众,必须让人人欢喜,被人人所接受,如此才能度人。

所以,学佛法行菩萨道,必定要将贡高、我慢、瞋怒的习气去除掉,而最重要的,还是要多用心!

那芬比丘的故事

佛陀教育弟子就是教大家把"心"的观念调正,教弟子们在人群之中要懂得彼此感恩。从前有一个小国叫那螺,那个国家的人民都以采珍珠或者采檀香贸易为业。虽然只是个小国,但富有的人很多;不过也有不少贫困的人。

那时有两位兄弟,父母刚刚往生不久,大哥认为兄弟应该分家,各自去奋斗才不会互相拖累。大嫂就问:"那么要怎么分家呢?"

大哥拿不定主意、不知道该怎么分才算公平,那位大嫂就说:"以财产和奴仆来划分;一个得到全部的财产,一个分得一位奴仆,就这么决定了。"大哥当然是得到了所有的财产,而弟弟也只好接受一位奴仆的分配。

这位奴仆名叫那芬,他既年轻又聪明,在很小的时候就被卖到这个家庭。他很能知足,知道自己因家贫而被卖为奴隶,但老主人对他照顾爱护有加,所以他很感恩。现在他又被当成财产分给小主人,他觉得自己一无所有,只是一个人,不只没有什么贵重的东西可以给小主人,而且还要吃饭增加开销,所以他知道要赶快多努力来为小主人效力。

小主人带着家眷和那芬,两手空空的出门了。他心里很烦恼,因为一无所有,人海茫茫,出去了要住哪里呢?一家大小要如何生活呢?那芬就安慰小主人:"您不用烦恼,有朝一日我要让您的家财胜过您的大哥。"

小主人说:"哪有可能呢?我什么都没有,你要用什么去赚钱?现在我们连生活都出问题了,怎么可能以后家产会比我大哥多呢?"

正发愁时,小主人的太太忽然发现自己手上还有一些玉环金饰,她就把手上的珠宝拿下来,对那芬说:"我们现在只剩这些东西比较值钱,就让你拿去打点一切吧!"

那芬拿着金饰、玉环立即去想办法运作,他到市区去,看看有什么可以买的,然后再设法卖出去。这少许的本钱到底能做什么呢?他看来看去没什么好买的,于是就往城外走去。

走出城外时,他看到有一个人担着一捆木柴要卖,他发现那一捆木柴之中有一根很有价值的檀香。檀香可以治百病,而卖的人却不知道。那芬就以便宜的价钱买了那捆木柴,因为他识货,所以他非常欢喜地把柴扛回去了。

没多久,当地村里有一位富翁病得很严重,虽然他很有钱,却苦于找不到好的檀香来和药。那芬知道了就把檀香送过去。那一位富有的长者因为有了檀香和药,因此把病治好了。他很欢喜就把一大半的家财送给那芬。

那芬得到财产后,他就运用自己贸易的天分,几年的辛苦经营之后,果然让小主人的财产比他的大哥还要多。生活稳定、家财富足之际,他的小主人就和夫人商议:"我们要如何回报那芬呢?"

夫人说:"人生最有价值的就是自由,我们就让他回复自由之身,这可能是他最高兴的事。"小主人也觉得很有道理。

有一天,小主人就把那芬叫来,说:"你给我的已经太多了,我不知要如何回报你,我想让你回复自由之身,甚至也拨出一部分的财产给你。"那芬听了千分万分的感恩,感激小主人能让他除去终身为奴的身份,让他得到自由。

他对小主人说:"您不用给我财产,只要有自由之身我就很满足了,我要赶快去修行。因为我知道今生成为贫贱之人,很可能是我过去生欠修行;现在能得到自由,我想去佛陀的僧团、求佛陀收我为弟子;因此,一切的家产我都不需要。"

小主人也很欢喜地送他出门。那芬得到自由之身,立即前往佛陀的僧团,求佛陀引度他出家。佛陀当然很欢喜,立刻让他现比丘相。从那时起,那芬比丘非常殷勤求道。几年之后,那芬比丘修行有成,佛陀说的佛法,他一点都不遗漏地加以吸收,而且已能琅琅上口。

他严持戒律、又论道第一,当时他就想:"我应该回报以前的主人,因为他给我自由之身,我才能享受到佛法的妙境。"他很感恩,所以向佛陀请假,暂时离开僧团,前往主人的住处。

主人看到那芬已现出家相,而且变得那么庄严,相见之时,彼此都很欢喜,主人就准备了很丰盛的宴席来供养那芬比丘。用餐之后,那芬比丘就把自己所得到的佛法妙乐和主人一起分享。主人闻法后非常欢喜,他说:"听你讲这么多难得的妙法,我恨不得能身历其境;也能亲闻佛陀的教诲。"

那芬比丘说:"佛陀很慈悲,您准备一下,我回去可以代您向佛陀请求,请佛陀来应供、说法,如此也能利益这个国家的人民啊!"

主人觉得很有道理,他说:"对啊!不应只有我得到佛法的妙乐,我应该向国王报告,请国王向全国的人民宣告:佛陀会来我们的国家,让大家都有机会得到法益。"

那芬比丘一回去即代为向佛陀请求,佛陀慈悲答应了。那芬比丘以前的主人也去向国王报告,请国王来参与盛会;国王以前也听过佛陀的盛名,因此很欢喜地来参加供养的盛会。当国王见到佛陀时,即从内心生起恭敬,很虔诚地作揖礼拜。

佛陀应供之后即为大家说法,国王和小主人心里都想:今天能有这个因缘都是那芬比丘促成的。那芬比丘原本是个奴隶,可是却能修得妙法,为什么他会这么有福呢?

佛陀就说:"能够感恩图报的人,就是有大福的人。人与人之间必定要互相感恩;那芬比丘就是因为抱着感恩心,所以福德具足了,因此他能够得道!"

人与人之间真的要互相感恩,像这故事中的人——身为奴仆的知道感恩主人;主人也懂得感恩奴仆,因此才有这么祥和圆满的境界;所谓"和则兴",有感恩之心才有德行,这就是我们所要学的。

慈心的拘那罗王子

过去,佛灭度之后,在印度有一位国王叫乌斯迦,这位国王是位虔诚的佛教徒,心地善良,对百姓施以仁政。他有一个儿子,这孩子的眼睛非常美丽,几可媲美印度的一种美目之鸟——拘那罗鸟。因为国王很喜欢这种鸟,便以"拘那罗"来为儿子命名。

太子长大后,生得剑眉星眼,相貌堂堂,而且行为端正,非常慈悲。国王开始为王子找对象,有一天,他带着太子到寺院去礼佛,并请长老耶舍尊者开示。尊者看看年轻的王子说:"人生无常,身体有生、老、病、死之苦,还有种种的不净,有谁能永远年轻永保俊美?这些都是虚幻不实的,就像王子这对眼睛,虽然看起来很美,其实是最垢秽不净,招灾惹祸之源。"

尊者这一番话,令王子感到疑惑:大家都赞叹我的眼睛很美,为何尊者却说它是垢秽不净之物,招灾惹祸之源?这些话不断在太子的脑海中盘旋。

国王的宫中有很多嫔妃,其中有一位很年轻的嫔妃,被王子的仪表深深吸引,对王子早有染著之心;有一天,她看到王子一人独处,就百般献媚,向王子求爱。王子为人端正,怎会做出乱伦之事呢?他深自警惕,摆脱了她的纠缠。后来,王子结婚了,那位年轻的嫔妃看到梦中情人跟别人结婚,不免妒火中烧,由爱生恨。

王子婚后不久,国王忽然得病,那位嫔妃细心地照顾国王,直到国王恢复健康。国王感念她长时间的照顾,于是问她:"你照顾我这么久,心中有什么愿望,我愿意成全你。"

她说:"我只要求接掌国政七日就好了。"

国王心想:君无戏言,我既然答应她在先,怎能食言?何况只有七日,并不算什么,于是答应了。

这嫔妃登位之后,写了一封爱恨交加的密函,派人送给太子,要太子挖掉双目——不要让她再看到他的眼睛,唯有如此,她的怨恨才能消除。太子看了信,终于明白耶舍尊者开示的用意了。只不过一切似乎已经太迟,现在嫔妃的话就如国王的旨令,是不能违抗的。

不得已,太子挖下一颗眼珠,他把眼珠放在掌心而恍然大悟:"原来它这么腥臭,为何这么不净之物,会得到许许多多的赞叹,又惹来这场大祸呢?"他想:既然要我的两眼,就全挖掉吧!

两眼挖掉后,他眼前一片黑暗,但是他的内心突然一片光明,身心清凉,那分安稳自在已是更上一层楼的境界。

太子妃听到通报,赶来时看到太子已经失明,她痛哭失声,心痛彻髓。而太子却很自在,反而安慰她,甚至向太子妃说法,他说:"人生无常,不要怨不要恨,也毋须忧愁,因为怨恨忧愁才是心中的大敌。"

那时,王子身边的侍卫向太子建言,说:"太子,您如果仍住在宫内,恐怕连性命都很难保!"太子当然有自知之明,而且为了不让嫔妃继续造业,于是带着太子妃逃出王宫。从此流落民间,用心习琴,以卖唱维生。

经过几年后,他们又回到京城。有一天,他们来到宫外,弹琴卖唱。国王听到如此凄美的琴音,不由得想起失踪已久的太子;于是,派人去请那位弹琴的人。

国王看到弹琴的人,原来就是自己日夜思念的太子。如今竟然双眼失明,沦落到以卖唱为生,国王非常痛心,激动地问太子:"是谁害你如此?是谁让你失去双眼?"但是,太子绝口不提,只把心中所悟的真理告诉父王,希望父王能息怒消怨。

最后,王子身边的大臣和侍卫忍不住了,异口同声向国王说明原委;国王听了之后勃然大怒,立刻传唤嫔妃,欲下令处死。但是,太子却不断哀求父王,怜悯他已是残废之人,希望父王让他保有完整的大爱,不要再伤害他人。

国王被太子的慈悲所感动,于是勉强赦免她;但是,这位嫔妃自己却受到良心的责备,而觉得无地自容,于是撞墙自杀。国王的嫔妃因为心中不清净的爱,而生烦恼、怨恨,甚至伤害别人,毁灭自己,这是何苦呢?

爱,如果能像清水一样清净、自在,普润一切众生,那该有多好。我常说,要照顾好这颗心,才能发挥大爱的精神;切莫存有杂染、埋怨,更不可让心染上非分之念,这需要我们多用心。

宾头卢应供记

佛陀在世时,五百弟子中有一位宾头卢颇罗堕,他非常聪明,也很有智慧。有一段时间,他喜欢显露神通,佛陀就制戒禁止弟子显异惑众。

有一次,他又为一位长者现了神通。佛陀知道后就对他说:"你故意显神通,罚你不能进入涅槃,要在末法时代传法给众生,将来若有人很虔诚地邀请,你就必须现身为他们证明佛法。"因此,宾头卢颇罗堕尊者没有趋入涅槃。

过了将近百年的时间,当时印度的佛教徒,知道佛陀的一位弟子还没有入涅槃,所以,若盖新房、新浴池都会虔诚地设斋供僧,希望宾头卢尊者能降临。

在印度有能力盖浴室的家庭都是很富有的,因为当地多数人都是"天浴",过去的出家众也是用天浴净身——就是等到下雨才能洗浴或者用天然的溪流洗浴。所以,当地富有人家把浴室盖好后,第一件事就是要供僧,邀请宾头卢尊者莅临,他们如仪迎接,当作真有一位高僧大德来临一样。

那时,有一位非常富有的长者,他也想邀请宾头卢尊者,所以,办得非常铺张。为了表示尊重、虔诚的心,他又请人插了很多鲜花,预备许多水果,结果一天下来,花就凋谢了。

他们有一个传说——如果宾头卢尊者亲临应供,水就很清、花也艳丽清香,不会凋谢。长者看到花都谢了,心里非常懊恼。他想:我很虔诚呀!为何宾头卢尊者不来呢?他请示一位法师,法师回答说:"因为你的虔诚还不够!"

他说:"那我再来一次吧!"

第二次,也是非常隆重,这次的花和水果,比上次更多更新鲜,但是,一天还没过去,花也一样凋谢了。他心里很难过,又去请教许多法师,法师回答仍然是:"你的诚意还不够!"他说:"既然如此,那我还要用更多的物品,用更庄严的布置来邀请他!"

那天,他家里到处布满花果,并邀请数百位僧伽尊者,更有非常多的宾客到来,那时有一位很老迈的尊者也来应供，富人一一供养他们。虔诚供养之后，他抬头一看，全部的花果都还清新如故，他很欢喜地向大德僧众叩谢："前两次我也是用这么虔诚的心、邀请宾头卢尊者，这次我相信他已降临应供，可是，为何前两次不来呢？"他心里很疑惑，所以向大众僧请示。

那老迈的尊者说："你已连续请我三次，第一次我就来了；但是，你家门禁森严，只准许庄严的出家人进来，我衣衫褴褛，他们就不让我进门，我告诉他们：'是你们的主人很虔诚地邀请我来的。'但是他们非但不让我进门，还把我打伤；第二次邀请，我仍然来了，但又再次挨打。这一次我是换掉褴褛的僧衣，才得以进门啊！"

富有的长者听了恍然大悟，原来是自己为了庄严会场，希望来的人都服装整齐，结果求好心切，反而弄巧成拙；凡夫往往有分别心，而忘失那分虔诚的心，我们待人更要保有平等心与平常心。

阿那律陀的过去因缘

学佛,"勿以善小而不为,勿以恶小而为之",要知道点点滴滴皆不离因缘果报。

佛陀对僧众的教育,是希望大家从日常生活中去注意言行,并互相关心、彼此照顾。有一次,阿那律陀不小心将针线掉到地上,佛陀便亲自为他捡起来,为他穿线,可见佛陀非常关心弟子,而且也身体力行。

那时弟子们很感动,也想知道阿那律陀的过去因缘。佛陀即说:"在过去燃灯佛的时代,有一位长者子,每当燃灯佛讲法之时,一定会到僧团听法。那时燃灯佛在讲述'六神通',其中有一种称为'天眼通',这位长者子对天眼通特别感到好奇和兴趣,于是在佛前发愿:'愿我于来世修行得天眼通,而且要天眼第一!'从那时起,他就非常用功修持。"

"长者子在那一世结束后,生于穷困的家庭,那位穷困的年轻人因生活煎熬,顿时生起盗心,想去偷东西。有一天黄昏,他穿戴好后出门,走到一舍利塔旁,鞋带突然断了,于是他走进塔里;塔内有人燃灯礼拜舍利,而人已离开了,留下油灯。他为了修整鞋带,把灯心用一根竹片挑高一些,又加了油,让灯光更明亮一点。当他整理鞋带后,心也静下来,那盏灯照亮了他的心:'为什么我只因一时的贫困,就想去当贼,偷人家的东西呢?看看周遭贫困的人那么多,都已饥饿得无法维生,我怎能忍心再偷别人的东西?'他觉得自己的心念很可怕,为何会有这种损人不利己的念头?那时,他就在舍利前发露忏悔,并发愿:'从今开始我要修行,而且要得天眼通!希望能点亮心灯,照视天下!'他发现一时糊涂,心地黑暗即容易犯错,所以希望眼前的这盏灯能永远照亮他的心,让心光能引发天眼通,使心地光明、时时能分辨事理。甚至发愿自己将来能遇上佛陀,生于佛世,得到真正究竟的境界。从那时起,再困苦的环境,他都不再起盗念。"

佛陀说:"那位穷困的年轻人,前生是长者子,也就是现在的阿那律陀。过去生他有这些因缘,又发善心善愿,所以,现在他能在我的座下,发心出家而修行证果。"他道心坚固,只是听法容易昏沉、打瞌睡,因此遭到佛陀的鞭策,故废寝忘食,目不交睫而导致失明。

佛陀教他以耐心训练开拓心光而引发天眼通,并以此因缘教育他的弟子们,发挥大爱,彼此互相帮助,并且照顾好心念。因为有了过去的因,加上现在的缘,我们要好好的珍惜这分因缘。

中篇

五浊恶世度有情

宗教,

并不是在殿堂上而是在每个人的心中;

在日常生活的一举一动中,

发挥大爱的精神。

佛陀的苦行因缘

每个人与生俱来皆有那分能分辨是非的智慧;但是,若不用心,便会分辨不清、错失良机,因而招来很多障碍自己的缘。

在佛经里有这样的一段故事——佛陀虽已成佛,但在示现人间的过程中也曾碰到九种困难让他困扰、烦恼。当佛陀还是太子时,为了修行,离开了皇宫,五年的参访、六年的苦行,这些都只不过是现八种相于人间,用以引导弟子如法修行就可以成佛的方法。在修行中,太子遇到的第一个难关就是——迟了六年才成道。六年的苦行,让他受尽了折磨,也碰到很多魔眷来扰乱。

佛陀问弟子们:"为什么我修行的过程,花了那么多的时间?碰到那么多的困难?尤其是天魔来扰乱那么久,因缘从何来?你们知道吗?"

弟子答:"不知,请佛陀慈悲开示。"

佛陀开示,迦叶佛的时代,有二位很要好的朋友,从小到大,两人感情很好,他们不管是志向、行动、兴趣,都很契合。有一位叫护喜,他在外面听人说,迦叶佛福慧威德无量,正在化度人间;他听了很欢喜,知道有这么好的法,有尊贵的佛在人间,心想绝对不可错失良机,要赶快去亲近佛陀。

但是他也不愿意他的朋友——火曼错过时机。他欢喜雀跃地来到火曼的家,对他说:"我得到天大的好消息!"

朋友问:"是什么好消息?"

他回答:"很难得的世间圣人——迦叶佛,他已来到我们的城市弘扬佛法、教化众生,我们也应该赶紧去赴会,以接受佛陀智慧的洗礼!"

火曼说:"有什么好看?有什么好听?只不过是一个秃头道人!"

护喜看到他没有一点儿兴趣,也不欢喜,于是等了三天。那时,护喜还是不断听到大家的赞叹,他又赶快去向火曼说:"走!赶快去,机不可失,时光易逝,机会难得呀!要赶快把握时间。"

但是,好朋友还是一样的态度——非常的轻视,也非常的傲慢。他说："没什么好听啦！再讲也是一些如何做人的道理,这些我们都知道了。"又再拖了三天的时间。护喜越想越不对劲,一眨眼六天的时间已经过去,再拖下去,机会就错失了;所以,又再去找火曼。

火曼还是摆出很骄傲的态度,护喜禁不住火气上升,抓起他的头发,拽紧他的头发说："由不得你不去,走！跟我走！"火曼发现护喜这么认真地要勉强他去,心想:或许真的值得去吧！他明白应该前去拜访这位世上稀有的圣人。

他向护喜说："请把我的头发放开,我跟你去就是了,不要生气啦！"

于是,两人欢欢喜喜地到迦叶佛的面前,护喜向佛跪拜顶礼,火曼看到护喜的虔诚,也一样跟着跪下礼拜。那时,护喜就向迦叶佛说："佛陀！我这位朋友不知什么是珍贵的佛法,不知道惜缘,请佛慈悲开示化度他,让他提起虔诚之心,奉行佛法。"那时,迦叶佛看到这两位好朋友能互相鞭策成就,他赞叹护喜,然后开示很多的妙法,来转动火曼的心。

释迦牟尼佛说："那位火曼就是现在的我——释迦

佛,当时的护喜就是最初助我越城的天子,他引导我,让我的马腾空越过城去,走出城门。"

佛陀又说:"因缘一点也不能放松,一点也不能出差错,那时我只不过一时怠慢,时间浪费了六天,就招来生生世世都有六年的困扰,一直到现在成佛,这一世也碰到六年的苦行,拖延了六年的时间。所以,大家在日常生活中要好好坚守道心呀!"

这就是佛陀成佛之前的六年障碍,原来也是有其因缘;佛陀是出世的圣人,还是要承受因果,何况我们尚是凡夫。初发心只要方向正确,便要步步精进,甚至要感恩周围的环境未障碍我们;最怕的是自己心生障碍和烦恼。除了要自我排除烦恼,也要己度度人。

金地藏的故事

佛陀住世时,有四大菩萨协助应化人间;他们分别是:大智文殊、大行普贤、大悲观音、大愿地藏。直到佛陀灭度后,他们还是本着那分悲智愿力,不断在人间显迹,救度众生。

在中国有十分著名的四大名山,即五台山、峨嵋山、普陀山、九华山;这四座名山就是四大菩萨在中国显迹、度化的道场。而九华山是地藏菩萨所显迹的地方。

地藏菩萨在九华山显迹,大约是在释迦佛灭度后的一千五百年间,那时在新罗国——就是现在的南韩,王族中有一位年轻人,名字叫金乔觉,他因喜好佛学而出家修行。出家后他想:一定要到中国才能求得佛法。所以,他搭船带着白狗"善听",渡海到中国安徽省,在沿海遇到一阵大风将船吹至岸边。这位年轻的比丘就弃船、带着白狗,向山的方向前进,不知不觉中来到山岭处,放眼一看,山下尽是一片平原,风景十分优美。他就停留在山中以洞穴为家,而且一停留就度过了七十五年的时间。

他在山中的生活过得非常艰难,因欠缺粮食,仅以野草、山果充饥,甚至在传说中他曾吃土维生,称为"观音土",这是传奇的记载。不过其生活的刻苦由此可以想见。山洞中又缺水,需要到山崖下五百公尺处才能提到一桶水,一天之内为了取水而必须上上下下,非常的辛苦。

在传奇中还有一篇小故事,有一天早上当金乔觉打坐时,忽然被一条虫咬到,他吓一跳出定后,见到一位身穿黑纱的妇人,在他面前叩头跪拜说:"非常忏悔,我的儿子不懂事,冒犯了圣体。为了表示忏悔和恭敬之心,所以在石崖边化出一条清水,供您取用以表示他的心意。"妇人说完话即消失了,之后果然离洞口不远的山崖出现一股清水,源源不断地流下来;听说无论如何的干旱,泉水仍是不断流出,这也是传奇之一。

金乔觉比丘在九华山修行经过多年,有一群诗人到那里游山玩水,想寻找灵感作诗,忽然间在山洞口看到一口破锅子放在石头上,柴火已熄灭了。看看锅内,只有野菜混杂着观音土,大家又探头往洞内看,原来有一位修行者在那里打坐。大家在洞口静静地等待,一直到中午时分,修行者终于出定,走出洞来。他看起来不太像中国人,据传奇的记载地藏菩萨的相貌很特别,他的身高约七尺高,额头很高很宽,所以那些诗人问他从何处来?比丘即自我介绍,并说他来自新罗国。

那些诗人听了觉得很惭愧,因为他们就住在山下,竟然不知道有一位远道而来的修行者已在山上住了好多年,而让他过着这么刻苦的日子,从此那群诗人就成为他的护法,又去禀告山主——闵公。

闵公是一位虔诚的佛教徒,他知道山上有一位有道高僧时,心里非常欢喜,于是赶紧去拜访。看他住在那么简陋的山洞内,闵公也觉得很不忍心,因此决定和诗人们一起为修行者盖一座简单的精舍。

金乔觉比丘生活安定后,他更加用功修行、研习佛法,护法的这群人也常来请教佛法。尤其是闵公,他非常敬重三宝,每天都要供养一百位僧众;但是,不管如何努力去邀请,总是只有九十九位,一定要专程去邀请金乔觉比丘,才会正好满一百位,久而久之金乔觉比丘经常到闵公家里应供。

闵公对这位高僧非常恭敬,于是让儿子随他出家。有一天,闵公向金乔觉比丘说:"您应该扩大修行的道场,因为前来求法的信众愈来愈多,将来也会有人来此安住修行,是不是要扩建道场呢?"金乔觉比丘说:"只要有足够的地方就可以扩建。"闵公说:"您看,这整座九子山都是我的呀!您需要多大的地方都可以。"

金乔觉比丘说:"我只要有一件袈裟大的范围即可。"闵公说:"那一点点怎么够呢?"金乔觉比丘说:"这件袈裟的影子能盖住的地方,就够用了。"闵公不甚解地答应了。金乔觉比丘就把身上的袈裟脱下来,向空中扬去,一阵乌云遮住了阳光,整座山被乌云遮盖犹如被袈裟遮蔽一般。闵公既惊讶又欢喜地把整座山奉献给金乔觉比丘;这群诗人即思惟着:到底怎么为这座山命名呢?应称为"九子山"还是"九方山"?若以看莲花的心看这座山,它就像九瓣层叠的莲花,于是大家提议以"九华山"定名。

从那时起,护法的人愈来愈多,道场也很顺利地扩建完成,这位金乔觉大师在当时度人无数,从韩国渡海来跟随他出家修行的人也很多,而且一年年增加,后来僧众太多,发生缺粮的情况,而"僧多粥少"这句成语就由该地传衍出来。金乔觉比丘想把僧众分一些出去,但是大家好乐佛法,虽然生活困顿,还是为法忘躯要跟随金乔觉法师,不愿离开九华山。

为什么后来大家会称他为地藏菩萨的化身呢?因为,白天他为弟子们说法,一到黄昏时他就入定了;据说,到了夜晚九华山的周围常常会发出地狱刑具的声音。所以,很多人传说金乔觉法师夜晚时分,会到幽冥界去度众生,所以称他为"化迹的地藏菩萨",也有人尊称他为"金地藏"。

他自二十四岁上九华山,直到九十九岁的七月三十日圆寂;在九华山度过了七十五年的岁月,可见地藏菩萨和中国的众生特别有缘。

长者之子悔过记

佛陀住世时，把辅导众生当作一种"社会心理"的治疗，人心有何病症，佛陀就针对其病加以辅导。过去有一位长者子，是独生子，长者非常宠爱他，百般地依顺他；因此，这位长者子仗着大家对他的宠爱，完全不顾礼义，日日花天酒地，无论父母怎么劝导都没有办法改变他。

长者心想，可能是因为没有让他担负责任，所以他天天消磨时光浪费生命，倒不如把家业传给儿子，有了责任，看他是否就会安分守己？

继承家业之后，长者子不仅没有安分守己，还变本加厉，经常一出去就十天、八天不回家，又结交一群酒肉朋友，整天于声色场所流连忘返。经过几年，家产被他喝光、赌光了，落魄得必须乞讨维生，而过去那群朋友早已不知去向，偶尔在街头巷尾相遇，请求他们接济一餐都不可得。最后，他只好沿街乞讨，有人想施舍东西，抬头一看是他，就把东西再收回去。过去曾被他欺侮过的人，一看到他就赶着追打,实在非常狼狈。

后来,长者之子想回家去哀求父母收容接纳他;家里即使再穷也还有三餐温饱,但是,父母也不认他了……他听说天下最慈悲的人是佛陀,他的心胸开阔,愿意宽容一切众生。长者子心想:我不如去投靠佛陀,皈依其座下,以后衣食就不必烦恼,也不会受欺负了。于是,他就往佛陀的精舍出发了。

佛陀看到他,问道:"你来这里有什么事吗?"长者子说:"我已经没有居住之所,生活也没有着落,希望佛陀慈悲收留。"

佛陀说:"天底下最慈悲、最关心你、最能容纳你的莫过于父母,只要你能浪子回头,父母必能再接纳你;如果心地不清净,即使在佛门,也一样藏垢不净。现在最重要的是先清净你的心,然后趁着父母还健在时,回去向他们求忏悔,让老人家欢喜安心。只要在日常生活当中能勤劳,并好好孝敬父母,调和声色,选择良友,做事真诚信实,回去之后,你一定能东山再起呀!"

佛陀对他谆谆教诲,长者子真的回去了。不管父母怎么赶他走,他心里知道,天下没有比父母更慈悲的心,一时的错误,父母难免会生气;不过,父母一定会宽恕孩子,他还是很真诚地向父母忏悔。

其实,父母心里也担心万一态度太强硬,孩子会真的一去不回;但形式上总是要表现生气的样子,这是身为父母的心理。后来,他的父母看到孩子真心忏悔了,就说:"你如果真心想回来重建家园,我们可以原谅你。"

"知子莫若父",当初长者并没有把全部的家产传给儿子,还保留部分的产业。现在浪子回头了,长者把剩下的资财拿出来给儿子重整家业。

果然"浪子回头金不换",他确实彻头彻尾地改过了,而且东山再起。他非常认真工作,讲话有信用,对父母孝顺、对人礼让诚实,行为端正,更博得亲朋好友的好评;三年之后,他完全成功了,变成一个真正的孝子。

雪山仙人的故事

佛陀在世时的社会状况十分复杂,所以佛陀时时教诫四众弟子要好好控制欲心。有一天,佛陀对一位居士说了一个故事,因为这位居士的家庭面临即将破裂的边缘;由于他有了外遇,他的太太受不了,甚至有轻生的念头;所以,佛陀对他说了这个故事。

佛陀说"欲心"是最可怕的,不只是在家居士会被"欲"火熏心,就是修行者,哪怕他已得到神通、禅定,一旦遇到"美色"当前,定力不够的也会退失道心、迷惑颠倒。

过去有一位仙人在雪山修行,有一天,他要下山到城里采购一些油、盐、米。那天到山下时天色已经黑了,他就在国王设于城里的房子歇息,就如同现在所谓的"招待所",可方便远途来的人晚上住宿,那天晚上他就住在那儿。

天刚亮时,他收拾行李、整装搭起身上树皮所编的衣服,担起行李就出门了。正当早晨,他精神很好、走路的姿态很有威仪,走到城门时,国王看到他,觉得这位修行人一副仙风道骨,令人从内心起了敬意,于是向前和他打招呼,又请他进宫内,准备了丰盛的餐点招待他。

国王看到仙人的一切举止动作都令人打从内心生出欢喜,所以等他吃饱之后就向他请法。仙人口才很好,就将自己的心得一一传授给国王。国王听了以后,法喜充满。遂向仙人说:"请你不要回去,希望你留在宫中,便可以时时说法,让我了解人间以外的仙法。"这位仙人也很高兴,因为他觉得在宫中传授仙法也是好事,于是就答应国王的请求。

这一留即过了漫长的十六年,国王和仙人相处得很好,彼此都能受益。有一天,边境的敌人来侵犯,国王将带兵去平定乱象,临出门前,国王交代一位王妃要好好款待仙人。于是,王妃很用心地料理送仙人的三餐饮食。有一天,王妃将中餐准备好之后,仙人迟迟未到,王妃觉得累就先用香水沐浴,沐浴后穿着单薄的衣服,斜躺在床上打盹。

当她正欲入睡时,忽然听到有脚步走近的声音,她知道仙人已经到了,赶紧要起床,而仙人已走到了门前。匆忙之中,她一不小心让那单薄的外衫滑落到地上,仙人在门外正好看到王妃的肌肤和身体。他的眼睛停留在那儿,刹那间整个人眼前一片空白,只见眼前这女人细嫩白皙的躯体。那时,王妃觉得很尴尬,赶紧将衣服搭好,请仙人进来,招待他用餐;这时虽然有满桌丰盛的食物,但是仙人却心神恍惚食之无味。

仙人吃饱以后,回到休息的地方,躺在床上时他的精神却无法专一了,心绪起伏不定。从那天开始,他七天七夜吃不下、睡不着,躺了七天、病了七天。当时,国王已经平乱回来,还未入宫以前,国王先在皇城的四周巡视了一遍,刚好来到仙人休息的处所,他想先看看仙人。结果,一进去发现里面又脏又乱,看到仙人躺在床上好像病了,国王就命侍卫将里面清扫干净,然后坐在仙人的床沿,关心地问仙人:"你到底得了什么病?"

仙人回答说:"国王啊!我没什么病,但是我的思绪很纷乱烦恼!"

国王又问:"你为什么会纷乱、烦恼呢?"

这位仙人很老实地答说:"我看了王妃的美态,让我的心灵不安。"

国王就说:"仙人啊!只要你想要,我就将那位妃子送给你,起来吧!和我一起进宫去。"

仙人就跟国王一起进宫了,国王将那位王妃召来,告诉她:"从今天开始,你就跟这位仙人一起生活吧!"

国王又偷偷告诉王妃:"仙人为了你才生病,你要好好拯救他。"

王妃答应说:"我知道,我不会辜负你的期待。"

就这样她跟着仙人出了宫门。

王妃就跟仙人说:"你带我出来,要去哪里呢?我们应该要有一栋房子。"

仙人说:"我哪有房子呢?"

王妃说:"你去向国王要一栋吧!"

仙人就真的去向国王要一栋房子,国王答应了,给他一栋城里专门堆积垃圾的房子。他带着王妃去,王妃看了看就说:"你看!房里都是垃圾,那么脏乱必须清理干净。第一,你要将这房子打扫干净;第二,你要将房子四周的墙壁抹干净。"

仙人说:"这么脏,我要从哪儿开始打扫呢?"

王妃说:"你进城里去拿畚箕、扫把,把这些清洁的工具都拿来,然后要把里外完全清扫干净。"

仙人只好又回宫里,向宫里的人拿了清扫的工具回来,又乖乖地将里面仔细打扫一番,弄得满身大汗和污垢,好不容易将房子打扫好了。王妃又说:"现在房里空空的,应该搬一些家具来,要桌子、茶几、床……"

他真的乖乖地又去向国王要了家具,很辛苦地一一搬来。搬好之后,王妃又说,"浴室里面需要水,我要沐浴,你赶快去搬洗浴用的东西来吧!"于是他又去搬浴具,王妃洗完后,才换仙人去洗。

仙人洗完澡后,坐在床上,那王妃突然将仙人的胡须抓过去,拉近靠着她的脸,告诉他:"你忘了自己是修道的人,现在这么近,你爱看我的脸就看个清楚吧!"

那时仙人忽然间眼前又是一片空白,脸贴着脸,怎么看得清楚她的脸?一天下来又是那么累,当下他恍然大悟了——"美色"真是害人精啊!他想:一整天这么辛辛苦苦的,所看到的又是什么呢?只是一片空白!这种污染的心害我禅定的功夫全消失了,满心的烦恼就是为了女色。

他觉悟了,赶紧离开王妃身边,他跟王妃说:"王妃啊！我想通了,我要将你送还国王,我还是回雪山去过修行的日子,享受禅定清净的境界!"仙人说完后,立即将王妃送回,不再留恋城市王宫的生活,就这样回雪山去了。

佛陀把这个故事说完后,又向那位居士说:"一位修行仙道者也会为了色欲而失去道心,何况你是在家居士,生活在五浊不清净的环境里面,有时心生色念是难免的,但要赶紧将心收回来,好好回去照顾家庭,照顾你的太太,负起做丈夫的责任,才能建立美好的家庭。"

这是佛陀对一位在家居士所说的一段故事,这也是一个活生生的教材——人都是在"贪欲"中造业受苦报,而"欲"之大患莫过于"色欲",色欲害人不浅;不管是家庭或是社会的混乱,多数都是由色欲而起,尤其是人伦的破坏也是以"色欲"为因,才会乱了人生的秩序。所以,我们要学习时时制心一处、要把心念照顾好啊!

王子与仙人

有一回,佛陀看到弟子们围在一起谈论着,他走向前去和弟子们围坐,聆听他们探讨的主题——谈心。

有一位弟子请问佛陀:"为什么有的人终身都抱着感恩心,却有人不知道要知恩图报?这样的人实在很矛盾、很可怜。"

佛陀说:"你举个例子,是谁这么矛盾和苦恼?"

弟子说:"是您的堂弟提婆达多,在俗亲算来他是您的堂弟,出家后便是佛弟子,为什么他却常常要害佛陀、破坏僧团?像他这样的人生不是很苦吗?"

佛陀就说:"对啊!是很可怜、很值得怜悯,因为他的内心充满怨恨、充满烦恼。而知情达理的人会唾弃他,所以他很不快乐、很可怜。"

那位比丘说:"正因为这样才让我们想不通,他已接受佛陀的教法,了解一些人间出世的道理;他应该感恩,但为什么做不到呢?"

佛陀说:"这是他长久累积的习惯,不是今生此世才如此,过去生无量劫来,他就不知感恩,甚至还恩将仇报,我告诉你们提婆达多过去世的因缘。"

在过去无量劫以前,有一个国家的王子生性充满嫉妒,对人都以怨恨之心对待,对宫中的佣人很刻薄。不论别人多么爱护他,他都没有一点点感恩心,对人无丝毫爱护之意。随着年纪增长,他的嫉妒怨恨和瞋怒也同时增长,全宫中的人都敢怒不敢言,连大臣们也都知道王子生性非常凶恶。

有一天,他心血来潮想到湖边游泳,但是当时天色已暗,可是他不听别人劝告,执意一定要去,大家也只好随他的意思。到了湖边,那些长久受到王子欺负的人早已埋怨于心,当风雨渐渐变大时,他们就趁机把王子推落湖中,那时风大雨大雷声也大,而王子的随从却一转身赶快回去了。

大臣问他们:"怎么只有你们回来,王子呢?"

王子的随从说:"风雨太大,大家就四散了,王子还没回来吗?"大臣心想:这可能凶多吉少了,他赶紧到宫内去报告大王。大王很烦恼,立即命令大家开城门去找王子,但是寻遍了还是找不到。

当王子被推到湖中时风雨很大,他在水中挣扎,正好抱到一根大木材,好不容易挣扎爬到上面,正巧有一条蛇也游到木材之上,另有一只老鼠也暂栖于上,还有一个鸟巢被风吹落,小鸟也停留在木材上面,他们在湖中漂浮;王子害怕地大声呼救,那声音非常凄厉。

当时,湖边有一个茅棚,里面住着一位修行的仙人,他听到有人求救的声音,看到外面风雨很大,天色一片黑暗,他认为生命宝贵,所以赶快跑到湖边去。他看到呼救的人飘摇于湖面,立即不顾自身的安危,跳入湖里用力将木材推上岸,他先将人拉起来,又看到蛇、鸟和老鼠也被水打得伤痕累累,于是小心翼翼地把它们救起来,带到茅棚里。

仙人立即生起火堆,先料理蛇、为它敷药,再料理老鼠、鸟,最后才为王子敷药,向他问安。那时王子不但没有感恩心,还生起一分瞋怒;他觉得自己受到轻视,认为这个仙人很奇怪,他想:我是一国的王子,你不先对我好,倒先去关心鸟、蛇、老鼠;当下,他内心就很不平衡。

那位仙人很有爱心地准备好食物,同样也是让鸟、蛇、老鼠吃完后,才拿另一份给王子吃。经过一天一夜的疗养,他们体力都已复原,仙人就说:"现在你们都已复原,可以各自回去自己的地方了。"

那条蛇就对仙人说:"你的恩德我永远难忘,你有困难时,不论在何处,只要叫声:'蛇啊!蛇啊!'我就马上来帮助你。"

老鼠也说:"我也感恩你的恩德,我应该回报你;你需要我时,只要叫着:'鼠啊!鼠啊!'我就马上来。"

小鸟也说:"不论你在何处,需要我的时候,叫:'鹦鹉啊!鹦鹉啊!'我就会马上来。"然后它们都各自回去了。

王子也说:"谢谢你救我、帮助我,我若登基后,你来找我时我会好好报答你。"王子虽然这么说,但心里却准备等他来时,要回报他的是仇而不是恩。王子回去后不久,果然继承王位了。那位仙人想看看人心、兽心和众生心到底有什么不同?因此预备到城里参加王子的登基仪式。

走在路上时,他想看看蛇是不是会依约出现?他就叫:"蛇啊!蛇啊!"蛇真的就出来了,蛇对仙人说:"很高兴看到你,你是我的救命恩人,我告诉你,我在过去生中存了一些金条埋在地下,因有这种贪执才会生为蛇身,守护我的金条。希望你救救我,我把这些金条给你之后,我就能心无挂碍,才得以解脱。"

仙人说:"只要你有这分心,这些金条就暂时放着吧!"他表达对蛇的谢意,也祝福蛇能早日解脱。

又走了一段路,他心想老鼠不知如何?就叫:"鼠啊!鼠啊!"那只老鼠也很快就出现了,它说:"我过去生和蛇是好朋友,彼此都想赚取金钱,并且希望永远为己所有。但人生无常,生命有限,不多久我就往生了,为了守护这些钱财才沦为畜生类,我现在觉得很痛苦,希望你能接受这些钱,让我能心无挂碍。"仙人也告诉他:"先放着,将来用得到时我会来。"并对它表示敬意。

再向前走,仙人又想鸟不知会怎样?他就随口再叫:"鹦鹉啊!鹦鹉啊!"鹦鹉真的也及时飞来,鹦鹉说:"恩人啊!你若需要时,我可以召来一大群鸟,将稻种集中在一起来回报你。"

仙人说:"你有这股力量,我当然是很感恩,等我需要时再召唤你,希望你们全力来支持。"

仙人继续向前,进城时,正好遇到王子登基后在街上游行。王子远远看到他，就向侍卫说："前面走过来的是个很怪异的人，不要让他走近我面前，你们把他捉起来打，再把他赶出城，不要让他见到我。"侍卫真的走到仙人身边，不由分说捉起来就打，仙人向前跑，他们就边追边打，追打出城外，当仙人被打得遍体鳞伤时，他喊道："古圣先贤说——人心、兽心同一类，我救的人竟然叫人毒打我！"

打他的人听到仙人这些话时觉得很奇怪，其中一位就叫大家停手，问他为什么说这样的话，问明原由之后，大家才知道原来前不久王子落水就是被他救起来的！侍卫回到城里就对王子游行的队伍宣布真相，又向百姓宣布说——可敬的人是城外那位被打得遍体鳞伤的人，而新登基的国王是个凶狠阴毒的人。于是大家对国王凶狠的心态都很厌恶，不禁哗然。

众人就将国王从马上拖下来赶出城外，将仙人接进城里，为他敷药疗伤，复原之后即拥戴他登上国王之座，很受人民的爱戴。后来仙人想到之前老鼠和蛇说的话，就告诉人民说哪个地方埋藏着金条，要赶快取出来布施，随后又举行一个"无遮大会"把财物布施给全国穷困的人。

故事说到最后,佛陀又说:"当时那位王子就是现在的提婆达多,而仙人就是我;累生累世以来,恩恩怨怨一直延续到今生,而提婆达多恩将仇报的习气仍未断除。"人心就是这么善变,众生心也是一样,有的人懂得感恩图报,有的却比兽类还要来得凶狠,无法体会他人的恩德,这就是善变的心啊!

佛陀与提婆达多的宿世因缘

佛陀时代，每位弟子对佛陀都很敬仰和尊重，偏偏有一位——提婆达多常常在僧团中搬弄是非，他虽然出家但对佛陀却有嫉妒的心理，所以，常故意制造是非使人和人之间的情感分离，甚至诽谤佛陀的言语举动，若听到有人赞叹佛陀时，他就想尽办法挑拨离间，这就是提婆达多的习气。

那天比丘们聚在一起议论道："为什么提婆达多对佛陀那么不满？为什么他要在外面散播许多谣言呢？"

佛陀刚好走过，问道："你们在议论什么？"

有一位回答："佛陀，我们都很疑惑——提婆达多和佛陀是堂兄弟，又是您的弟子，为什么他事事都要障碍佛陀，甚至听到有人赞叹您时就想尽办法散布谣言、诽谤佛陀，提婆达多和您曾结了什么样的因缘呢？"

佛陀说:"提婆达多诽谤我不只是在今生此世,在过去生中他就一直抱着嫉妒心,常以险恶之心加害我。"佛陀接着又说:"你们坐下来,我告诉你们过去生中的提婆达多。以前有一个摩伽陀国,国王养了一头大象,是一头洁白的大象,不论行走、外貌都是上等之选。国王请了驯兽师来调教,这头白象很聪明、人见人爱备受赞叹。有一次在祭拜大典上,国王骑着这头白象在人群中巡视祭拜的队伍,大白象一走出来,全国的人民都大开眼界,每一个人都赞叹它,因为它的动作优雅稳重,让人一见就生欢喜心。"

国王看到这么多人赞叹白象,他心中很不高兴——大家竟然都只赞赏被我骑的大白象,却没有人赞赏我的英姿焕发。于是国王就想尽办法要置它于死地。

国王问驯兽师:"这头大象驯得如何?"

驯兽师说:"很好啊,这头象聪明伶俐,很好教。"

国王说:"如果它站在最高的断崖上,是不是可以表演被调教的技术?"

驯兽师说:"没问题,因为它很聪明。"

国王就说:"好,我要看大白象献艺。"

于是，国王就指定在摩伽陀国最高的山顶上，那山间还隔着很危险的断崖，国王要大象在那里献艺。驯兽师随着国王牵着大象到那里，国王和许多大臣百姓都等着要看大象表演，国王命驯兽师骑在大象背上指挥。国王下令说："你要它缩一脚，用三只脚站在山尖上。"驯兽师就指挥象用三只脚站立，大象就开始表演，姿态真是美啊！在场的老百姓都很赞叹大白象；国王愈听愈气，又说："要大象缩起两脚，用两只脚站立。"大象真的做到了，赞叹的声音更大了。国王更是嫉妒了，又要大象用一只脚站立，其他三只脚都缩着，没想到大白象竟然也做到了，此时赞赏的声音真是震动天地！

那时，国王除了嫉妒之外又加上痛恨，他咬牙切齿、无理地告诉驯兽师："要它四只脚都缩起来，悬空在山顶上！"

当时，驯兽师就贴近大象的耳朵说："国王有心要置你于死地，像这种无道的国王不值得为他服务，你是否能展现神力，将四只脚都缩起来，腾空飞到婆罗奈国去？"结果大象真的四脚悬空、身体轻飘飘地载着驯兽师飞过断崖，一直飞到婆罗奈国的城门上空。

婆罗奈的人民抬头,突然看到一头白象轻飘飘地载着一个人在天空中飞翔,大家都喝彩说:"啊!好神奇的大白象,它带着福气到婆罗奈国,这是个好预兆!"那里的百姓都跪在地上喊。国王在宫中也听到了,就和大臣们出来观看,看到那大白象果真是良象,国王说道:"不知它是否和我国有缘,希望大白象能降临到这里来。"

大象就真的降落在婆罗奈国的宫殿旁,国王问那位驯兽师:"你们从哪里来的?"

驯兽师说:"我们从摩伽陀国来。"

国王说:"这头象到我的国家来,必能带来吉祥,希望能让它留下来。"

驯兽师就对大象说:"这是一位仁王,我们应该投靠他,为他服务。"于是他们就留下来了。国王很高兴,封大白象为象王,又为象盖了一所很好的屋子让它住,而且喂食最好的食物。

佛陀说完这个故事又对比丘们说:"你们知道吗?那位怨恨嫉妒心强的国王就是现在的提婆达多,婆罗奈国的国王就是舍利弗,那位驯象师是眼前的阿难,而大白象就是我——释迦牟尼。提婆达多生生世世不断用嫉妒和怨恨之心结怨连仇,直到现在还要不断地逼害,这就是他过去生无量劫前、生生世世累积的嫉妒心。"

佛陀又说:"大家修行就是要把内心的怨恨和嫉妒心扫除,心中的这分无明、黑影若能拨开,才能透彻了悟真如本性。"

伟大的教育家

佛世时僧侣过的是出门托钵的生活。佛陀于弟子中选了陀骠摩罗子比丘来管理分配托钵事宜,他为人正直也很有修行的风范,因此,佛陀请他管理僧团。僧众每天出去托钵都经由他调整,当时陀骠比丘也分配得很好,东南西北大家各自分头前去,每一位托钵的对象也都固定,然后三天换一次。

当时僧团中有一位年轻的比丘叫密多求,他出家不久,仍带着习气于僧团中生活,他也和大家一样出去托钵。有一次,他被陀骠比丘派到某乡村去,那位施主生活并不富有,所以只给他很简单的粗食,他看到钵中的食物,内心就很不欢喜,尽管不高兴,但是仍然要吃呀!第二天接到的食物比前一天的还差,第三天的食物又比第二天的粗糙,他心里非常埋怨,即迁怒于陀骠比丘,认为陀骠比丘故意分配这种无诚心的施主给他,为此怀恨在心。

密多求比丘有一位妹妹密多罗也在比丘尼僧团中出家。有一次他到比丘尼僧团去找妹妹,把自己心中的不满宣泄出来,妹妹年纪仍轻,不会分辨事理,哥哥讲的话,她也信以为真,还为哥哥抱不平。密多求看见妹妹如此,忿恨不平的心愈难化解。

他向妹妹说:"你要为我出这口气!"

妹妹说:"你说说看,我若能帮忙,一定尽力!"

密多求说:"唯有一项办法——你到佛陀面前告状,说陀骠比丘对你非礼、不守梵行。"

妹妹大惊,说:"这怎么可以?明明他是守清净戒的人,我却要诬赖他不守梵行,这种事我不敢做!"

密多求即威胁妹妹说:"你如果不愿意,那以后你就不要认我是哥哥,我也不认你是妹妹!"密多罗很为难,最后终于答应哥哥的要求。

密多求在妹妹还未到佛陀住处前,他就先向佛陀顶礼,接着妹妹来了,也上前向佛陀顶礼,说:"佛陀!僧团之中,有一位不守梵行的比丘!"

佛陀问:"哪一位?"

比丘尼说:"陀骠比丘到我们比丘尼团中,违犯了清净戒!"

密多求接着说:"佛陀!这是事实!"

佛陀看到陀骠比丘也在场,于是把他叫出来,问:"刚才这位年轻的比丘尼所讲的你听到了吗?这是真的吗?"

陀骠比丘说:"是不是事实,佛陀您知道呀!"

佛陀说:"你这样的回答不对;有,就说有;没有,你要说没有!"

当时罗睺罗起身说:"陀骠犯不清净行,密多罗比丘尼挺身指认,尤其密多求也来做证,难道陀骠比丘一句'没有',就能认定他没做吗?"

佛陀就向罗睺罗说:"罗睺罗,如果密多罗比丘尼来我的面前说:'罗睺罗不净行!'再加上密多求比丘来做证,那你要做何回答?"

罗睺罗说:"我如果没有做,当然回答没有,佛陀应该知道。"

佛陀说:"那和刚才陀骠比丘回答的还不是一样吗?年轻人看事情应透彻,凡事要冷静分辨。"于是,佛陀向僧众说:"希望你们好好求证这件事,让密多罗到外面,然后大家好好求证。"说完,佛陀就离开现场。

那时,比丘们就追问密多求这件事,说:"陀骠比丘非礼你妹妹,到底你什么时候看到?其中还有人在场吗?

或者只有你单独一人看到？"

比丘们你一言、我一语非常用心地追问，问得密多求比丘无话可答。他想想自己错了，生起忏悔心，承认自己和妹妹是诬赖陀骠比丘，而妹妹是受他唆使的；因为他被派到乡村托钵，所得的均是粗食，因此，心生怨恨……

至此真相大明，佛陀才又进来，比丘们向佛陀报告，已还陀骠比丘的清白，而密多求也已经有忏悔之心。

密多求非常忏悔，跪在佛前真心发露，佛陀说："一个人的心念如果没有好好照顾，贪、瞋、痴三毒很容易现形。为了求美味，这就是贪心呀！既已出家，食物只是为了疗身，而你却贪著美味，为此内心起瞋怒，又把怒气出在服务僧众的人身上，甚至心生愚痴，唆使你的妹妹诬告，这样是不是贪瞋痴三毒在你的心中作怪呢？"

密多求比丘惭愧得无地自容，而决心痛改前非，精进修持。

在佛陀的僧团中，已难避免有这样的事发生，何况距离佛世那么遥远的现在社会，一般人难免心随境转。贪、瞋、痴"三毒"常常现形于日常行为中，唯有学习佛陀不散乱心念和行为，才能清净如水。

"不幸"的故事

改运、消灾、改名,自古以来这种迷信就已深印于人们心中。在佛世时,有一位从小和给孤独长者一起长大的青年。给孤独长者的财力很丰厚,上至国王、王子都很敬仰他,其他士、农、工、商的人更是敬佩他,可是他这位朋友却一直都很困顿坎坷,他的名字叫"不幸"。

给孤独长者看到他这么潦倒就把这位朋友找来,请他帮忙料理家务,可是给孤独长者的家人、朋友若要叫他就得开口闭口都是"不幸"——比如:"不幸来!"、"不幸坐!"、"不幸吃啊!"因此,长者的家属亲友都不太喜欢他,就跟给孤独长者说:"你把他辞掉吧!最好远离他。"给孤独长者不解地问:"这个人很好呀!为何要辞掉他、远离他呢?"大家都说:"因为他的名字叫做不幸,天天看到不幸,听到不幸,口里又叫着不幸,这对我们好像不太好吧!"

长者就说:"你们错了,佛陀曾开示——人的命运好坏是从业而来,人生在世是幸或不幸,要看过去生的所作所为,过去生若有造福,现在面对的就是福缘;过去生若没有造福,今生的遭遇就会很坎坷。若是带着福业而来,即使他的名字叫做不幸,也仍是有大福的人。若没有福德,虽然他的名字叫做'贤人',也不见得有贤德,更不见得会幸运!所以我们不要迷信名字,重要的是看过去生的因和现在生的缘啊!"因为长者经常听佛陀的开示,所以他了解祸福的业力因缘。长者既然这么说,大家也就没话说了。

经过一段时日,给孤独长者有事带着家人出门去了。有一群强盗知道长者带着家丁出门,于是计划要趁机抢劫。他们定好时间,有一天晚上,强盗都埋伏于长者的家园四周,等待下手的机会。而这位"不幸"很尽责,因为他知道长者给他很大的恩惠,尽管有那么多人排斥他,但长者仍然庇护他,让他能够留下来,所以他对这个家庭,不管是时间或力量上,都是加倍的努力,每天天未亮就起来巡视,直到天黑了也仍用心在四周巡逻……

那天他发现外面有一些人行迹非常可疑,可能有不良的企图,赶紧叫其他人把锣、鼓等全都拿出来,大家打鼓的打鼓、敲锣的敲锣。刹那间,锣鼓喧天,把那群小偷强盗一个个吓得逃之夭夭,匆忙之间他们的武器、石块、棍子全都弃置于地。

隔天长者的佣人出来一看,大家都非常吃惊,因为看到那些武器横竖地散落一地,好险呀!那群小偷强盗如果进入抢劫的话,家里所有的宝物一定被洗劫一空!长者回来后,大家就赶紧告诉他,并且赞叹说:"'不幸'是一位有智者,这个家要不是有他这么用心的看顾,一定会损失惨重。"

给孤独长者听了很高兴地向"不幸"道谢,又前往祇树给孤独园向佛陀报告家里发生的事。佛陀说:"对啊!这就是因为你有智慧,能够说服家人朋友的猜疑,把这么好的人留下来;如果你也跟他们一样迷信,那么你这一劫就难逃了。因为你能够识人,知道种如是因,得如是果而不以名取人,所以有这种福分。"这是佛陀对给孤独长者的赞叹。

有些人遇到一点点坎坷就怨天尤人,认为自己的命运不好,就急着要找人改运,希望把命运改好,这是错误的。其实,最重要的是过去生中造了什么样的业;今生父母给我们的名字跟命运无关,重要的是我们现在的行为,因为今生所造的业又会带到来生。现在如果能把言行调好就能得到福缘。总之,有过去生的因,才有今生的果,唯有多造福修慧、福德具足才能去掉灾难、逢凶化吉。

祇园的兴建因缘

嫉妒是很难去除的习气,多数人看到别人有成就,即嫉妒难平;看到别人受到赞叹,心里就不是滋味,希望别人赞叹的是我,而不是他;甚至于"自赞毁他"。为什么会如此呢?都是因为"嫉妒"所致。现代人如此,以前的人也是一样,眼看别人即将成功,往往加以障碍。

佛陀在世时不断弘扬佛法。给孤独长者希望佛陀能够留在舍卫国弘法、度化人群;于是,不惜巨资——以黄金布地,向祇陀太子买了一块地。正当他在兴建"祇园"时,外教徒知道了非常震惊,他们认为那是他们的地盘,如果瞿昙沙门来此,信徒的信念就会受影响,供养他们的人也会减少;因此,外教徒想尽办法要阻碍这件工程的进行。

第一个行动是向给孤独长者抗议,说:"瞿昙沙门何德何能可来这里?他已有安定的住处,为何还要请他来此?到底他有什么能耐呢?"外教徒议论纷纷。但是,恭请佛陀到此弘法是给孤独长者的一大心愿,因此他不受议论的影响。

外教徒抗议无效,于是又向国王提出抗议,国王对佛陀时有所闻,他好乐佛法,所以也不听外教徒之言。外教徒只好又回头找给孤独长者,说:"如果你要邀请瞿昙沙门的团体来这里,必须答应一项条件,否则我们不会信服。"

长者问:"你们有何条件?只要将来大家能和睦相处,不管你们提出任何条件,我都会尽量想办法。"

外道徒众说:"瞿昙沙门座下有一位舍利弗,据说他智慧第一,请他来和我们较量一番,比比高下。"

长者认为这不困难,便前往王舍城,向佛陀说明此事。佛陀认为要教化舍卫国必须有个开端,这倒是一个很好的机会;于是,派舍利弗前往,佛陀说:"当地的工程正在建设,你最好先去安抚当地的人心!"舍利弗欢喜地答应了。

给孤独长者请教舍利弗说:"尊者什么时候可以和外教徒论理较量呢?"

舍利弗说:"七天后吧!给他们七天的时间准备。"长者即和对方联络。

外教中有一位最被尊重的领导者,他认为这是一件大事,胜败就决定于这一次的较量,如果输了,沙门僧团进入城内,他们原有的利养和地位就会大受影响,所以,这场辩论一定要非常慎重。七天之中,他们到处网罗最好的人才,也召集许多人在当天助阵。

给孤独长者对此事也很慎重,他搭设大讲台,用心安排舍利弗和外教徒的座位。较量的日子终于到了,外教徒浩浩荡荡地排开阵容走来,而舍利弗却是单独应阵。

舍利弗向众人说:"好吧!时间到了,你们要选择以辩论或神通来比较?"

外教徒说:"道理从何辩起?还是比神通较快吧!"

外教徒随即幻化出一片非常美丽的花园,花朵盛开芳香四溢。舍利弗即化出一阵清风,花园里的花摇曳生姿,犹如仙境;可惜,没多久花瓣、叶子纷纷掉落,这一比外道教输了!

接着,外教徒化出一座清净的池塘,里面的水清澈见底。舍利弗便化出一头大象到池里洗澡,大象一翻身滚动,池水立即混浊,这次评分,当然又是外教输了。

那时外教徒非常生气,于是化出一条凶恶的九头龙冲向舍利弗,舍利弗立即化出一只大鹏金翅鸟,它飞翔自在,然后稳稳地坐在九头龙的头上。此时,外教徒非常惶恐,就认输了;有些人立即请求皈依,但是,也有一部分较顽强的人不服气便离开了。

那些顽强者仍然要阻碍工程的进行,即假装成工人,要求长者让他们工作,长者心里有数,知道外教徒可能会混入工人群中,于是告诉舍利弗,舍利弗说:"工程若想加快进行,当然必须号召许多工人,好吧!让他们来。"舍利弗就亲自监工。

有一天,舍利弗于大树下看到一群工人来了,工人手里拿着棍子、锄头、铲子等等工具向舍利弗走来,但不知为何忽然人人满心疲倦,好像即将睡着一般,他们挣扎向前;但是,脚却愈渐沉重,不听使唤。

他们累得坐在地上,并且向舍利弗求救,舍利弗即向前为他们宣说"四谛法",工人听了如梦初醒,大家都被舍利弗降伏。从此工程进行顺利,如期完成祇树给孤独园的兴建。也正因为有这一段兴建的过程,佛教的经典里才会常常看到"如是我闻,一时佛在舍卫国,祇树给孤独园……"的经文。

这段工程的建设,真是备受障碍,而障碍源于外教徒的嫉妒,但到头来他们还是被降伏了,心魔终究无法于正道法中生存啊!

一位年轻比丘的遭遇

在佛陀的僧团中曾发生一件事——有一位好乐佛法的年轻比丘,原本对佛法很精进,很用功追求真理,心境也常在静定之中。但是,人的心念有时却像海浪一样,遇到强风就兴起狂涛大浪。

有一天,他出去托钵,走到城里时,看到一群穿着很艳丽,打扮得花枝招展的女人。当他的眼睛扫视过这群女人时,被一位身材、面貌、穿着都很美丽的少女吸引住了,这位比丘顿时被色欲摄住,一直注视着那群嬉笑的女人,直到她们走远了。

从此他的意识中常常有那位少女的倩影浮现,那群艳丽美女的影像也一直在他的脑海中重现。

他日思夜慕,以致日常生活失去正常的作息,他食不知味、辗转难眠、仪容不修,一副失魂落魄的样子。他的同伴不忍心看他堕落,都关心地问:"你到底怎么了,为什么这么没精神呢?看你现在落魄邋遢成这样,和以前精进用功的样子实在判若两人,到底为什么?"经过很多人的关心探问,他才将心事说出来:"我很惭愧,因为我的眼根被色所迷,那色相一直萦绕在我的脑海中无法消除,我很痛苦,也很懊恼啊!"

比丘们觉得他很可怜,但是他们无法辅导他,于是劝他去见佛陀。但是这位年轻的比丘说他不敢见佛陀,比丘们就半强迫地带他到佛陀面前。佛陀看到他肮脏邋遢的样子,就问比丘们:"发生了什么事?"

有一位比丘回答:"佛陀啊!他被色相所迷惑,现在心中充满了苦闷。"

佛陀很慈悲地问那位年轻的比丘:"你是不是如他们所说的被色所迷,因此心生苦闷呢?"

那位比丘抬起头,注视着佛陀,佛陀鼓励他说:"你尽管说吧!"

他看到佛陀的慈容,忍不住从内心发露忏悔、泪流满面。他说:"佛啊!确实是这样,我的眼根没守好、被女色吸引了,现在内心充满烦恼,觉得很不快乐。因为觉得自己很不清净,看到人就抬不起头,为何内心会有污秽的念头呢?我很忏悔,所以面对任何人、任何事都不能自在。"

佛陀慈祥地说:"只要你懂得忏悔就能恢复清净,就像你现在流下的眼泪一样,可以把邪念完全洗清。你还年轻,定力还不是很坚固,难免有凡夫之欲。以前也有修行很久、已得五通、具有禅定的人,因为短暂散心而迷失;你才出家不久,凡夫之欲短暂的现前,这不算什么。过去的就让它过去,你要赶快面对现实,整理好仪态、调整好心念,多亲近僧团的道侣,心里不要有挂碍就可以恢复以前无欲自在的日子了。"

年轻的比丘听到佛陀的教导,他想:佛陀说比他修行更久、功夫更深的人,有时也会遇到这种境界,何况他自己修行尚浅,所以就比较安心了。于是脑海中的那些形象忽然间随风飘散了,忏悔惭愧的眼泪,真的洗净了他心中的污点。烦恼扫除后,他抬头挺胸、露出和以前一样欢乐自在的笑容,他顶礼佛陀,也向同修们致谢感恩。他说:"我不再被色所迷了,我会好好顾守心念,稳住定力,希望从此可以净心向道。"

佛陀所教导的也就是"净心向道",这是佛陀弟子中的一则公案,因为大家都是由凡夫地而入佛门,凡夫的习气谁能没有?只是有的人较少现前,有的人则长久无法排解,一直让外境困住心境。而学佛就是要学得境界现前时,能够明朗地透视它,心不被境所转,这才是真功夫。

频婆娑罗王捐林地

佛陀开始宣扬佛法时,弟子渐渐增加了,僧团也逐渐扩大。不过,他们的生活非常简单——日中一食、树下一宿,居无定处。有一次佛陀带着僧众来到首都王舍城。那里有一片竹林,国王频婆娑罗王听说悉达多太子已成佛,而且来到竹林一带正要度化众生,国王很欢喜地去迎接。

见到佛陀,频婆娑罗王欢喜地说:"很高兴见到大觉圣者,记得您要出家前曾和我约定——您成道后要回来度我。现在您终于来了,所以我赶紧来拜望,您的威仪德行,真的让我无比敬仰。"

佛陀说:"久违了,当时你以喜舍之心,愿意分半个国家予我,可见你真的有大舍之心,能够大舍,即有大福!"

国王说:"我平生有五个愿:第一,当我身为太子时,希望有一天加冠接掌王位,此愿已满。我接掌国政后又立愿要以德领政,使人民安居乐业,这第二愿也已达成。

第三个愿,希望能有圣人出世,而且能够亲见圣人,现在我有幸遇见大圣世尊,所以,这个愿也达到了。第四个愿,希望世尊能给予开示。第五个愿,希望不只听闻佛法,还能彻底领会,从内心深刻地体会真理。"

国王又说:"今天似乎能完全满足这些愿望。'人生无常,无一物实为我有'——佛陀讲的道理,我已深深体会。不过,现在我又有所求。"

佛陀问:"你还有何愿未满呢?"

国王说:"希望佛陀收我为在家弟子、拥护佛法。"佛陀即为他皈依。国王又说:"我另有一个心愿,但愿佛陀慈悲应允……希望明天能迎请佛陀和僧众到王城接受我们的供养。"佛陀也答应圆满他的心愿,这是佛陀第一次接受国王的供养。

隔天,浩浩荡荡的队伍进入王宫,频婆娑罗王非常虔诚地以弟子之礼供养佛陀和僧众。供养之后,国王又说:"佛陀,我非常欢喜,因为,所求的愿都已满愿了,现在想再求一愿……"

佛陀问:"你还有什么心愿呢?"

国王说:"佛陀您带着僧众居无定所,这不是很辛苦吗？这次您来到王舍城住在那片竹林中，那个地方您喜欢吗？我想把这片竹林捐出来，让您和僧众安住在那里！"佛陀欢喜地说："难得你有喜舍之心，从最初见面直到现在都是如此，你有这喜舍的大愿，我当然很欢喜！"

从那时起，佛陀和僧众就在竹林安居弘法修行，于是有很多人到那里听经闻法。有一位长者也常常去听闻佛法，他看到佛陀和僧众住在林中，下雨时就会受到雨露的侵袭，他很不忍心，因此向佛陀要求说："是否容许我向居士们呼吁，在竹林下建筑房舍来供养佛陀和僧众？"

佛陀问比丘们意见如何？大家都很欢喜。于是，竹林中房舍一间间地盖起来了，总共有六十间静室，这是佛陀和僧众第一个安居之所，一切建设都来自听法的居士，他们闻法欢喜捐弃贪念、布施供养，这都是由"喜舍"之心所成就的，也因此佛法可以久住人间教化众生。

圣者的真谛观

佛陀出生于娑婆世界,他所拥有的是富有、幸福的人生,但也目睹印度四种阶级悬殊、待遇不公平的族姓。所以,他不求自己的享受,想追求人们心灵的解脱。终于,他离开王宫,探寻超越人生价值观的真谛,追求真理、追求妙法!

除了佛陀有超越常人的智慧之外,也有不少人有探求真理的心愿。悉达多仍在王宫时,他经过一段长时间的辛苦挣扎,他有父亲、姨母、妻、子、有家业国政,种种责任都落在他身上。他发心出家时,要费尽多少心思?家庭、父王、姨母怎肯放人呢?在他未出家时,王族亲眷知道他有这种倾向都非常苦恼。最后,太子终以智慧突破名利亲情的束缚。

他离开王宫出城的消息不胫而走。其中,有一位富楼那弥多罗尼子,他是国师之子,其族姓也很高贵,但他常想:净饭王是一国之王,太子将来是掌政之君,而我本身将来也是国师（因为，当时印度的身份地位是世袭的）。但是，人生即使是一国之尊，也不过是忙忙碌碌；像父亲贵为国师，同样整天烦恼忙碌，最后又能得到什么？人生的价值为何？

太子出城的消息传来，他非常震惊，对于太子的勇敢、毅力，他十分敬佩，也很向往。那时，他有三十位知友，常常在一起研讨婆罗门教的道理，这三十位当中，弥多罗尼子的智慧才识最超群，他不只透彻了解婆罗门教的道理，而且会讲解，所以，他们皆以弥多罗尼子为领导者。

太子出家的消息带给他心灵强烈的震撼，所以，他和朋友们讨论研究——从世间的财、色、名、食、睡，一直到名利、地位，这些到底能给人什么？又讨论到人除了生、老、病、死，其他一切都很不平等。而他们也曾立志要解决人生不平等的观念和事实，但要如何平息人与事的竞争呢？讨论的结果是：对于人生的假相必须看开。于是，三十人约好一同出家去了。他们离家之后，到很多地方参访，然后皈投于婆罗门教之中，于灵鹫山的附近建精舍论道修行。

悉达多太子历经五年的参学，六年的苦行，终于证悟人生宇宙的真理，成为大觉者，然后他先到鹿野苑度化五比丘，接着度化耶舍长者子，这消息又传开了。富楼那弥多罗尼子得知后很欢喜，因为太子已经成佛，他告诉其他朋友，并提议大家一起亲近佛陀。于是三十人就前往鹿野苑求佛陀为他们皈依，皈投于佛陀座下，和五比丘等一起修行。

自从他们加入僧团后，佛陀向大家说："你们都知道弥多罗尼子智慧超群，他的记忆强盛、辩才无碍，将来我的弟子之中，他是说法第一。"弥多罗尼子初到僧团，佛陀即对他寄予厚望，期望能借重他的智慧辩才，以佛法来教化众生。

这群圣者对人生的看法是如此超然，对世间的名利富贵，一点也不眷恋，他们心中所系念的是苦难的众生，一心追求解脱苦恼的方法，也是为了度人而出家；他们为心灵苦闷、流转生死的众生而修行。像这样的圣者，他们了解自己、看透人生，进而为救度众生而努力！

学佛者也应该如此，世间什么最有价值？其实，外在的物质没有一项是人们能"永久"享有的，所以，我常常说"人生没有所有权，只有使用权！"最重要的是：追求真理，唯有真理才有无量无边的价值！

长者布施的故事

当我们在发挥良能时即是最快乐的时候,如果执著于"所拥有的"就会很苦。佛陀在世时,常常告诫、警惕弟子们心中要时时存有慈悲,时时要口说好话、心存善念,并精进做好事,这是佛陀时时教化我们的,他也讲了一个小故事,警惕当时的弟子们。

佛陀说:"人生,什么是因?什么是果?在因果中着重的是一个'缘'字,我们要时时与人结好缘;要结好缘就要时时做好事,才会有善的因缘果报。"可见有"如是因缘"才会产生"如是果报"。

在王舍城内,有一位非常富有的长者,这位长者的历代祖先都十分乐善好施,但是,传到第八代时,行善的工作却完全停顿下来,因为第八代的主人认为——自己的产业为什么要不断地去布施?家财应该要不断地累积下来才对,为什么要不断地消耗掉呢?他一直想都想不通。

他执著于自己的想法,认为现在有一万贯的家财,可以累积为二万、三万、五万,不断地累积。所以,他打定了主意,将祖先留下来的一间大斋堂烧掉,这个斋堂有很大的厨房、食堂,原本是供贫困者用餐的地方;每隔三天即发动很多人来煮食粥饭,供应城内贫困的人,这是他的祖先代代传下来的布施方法。

第八代主人认为这太浪费了,因此,他就一把火烧掉了斋堂,决心不再行善布施;除此之外,还一毛不拔,三餐都吃腌渍的食物,连一滴油都舍不得拿出来用。他对自己都这么严苛,可以想象,他对妻女、佣人更是十分刻薄。

有一天,他在路上看到一位衣服穿得很破烂的人,手中拿着已酸掉的酒,坐在石头上喝着酸酒自得其乐。当他走过时,闻到一股酸酒的味道,突然觉得十分羡慕,心想:如果有一口酸酒喝,一定非常的过瘾。但是,又想:如果在家中喝酒,酒味被闻到,每个人都想来喝一杯,那家里的酒很快就会消耗完了。所以,他就忍着不喝;这种忍馋的心态,比没想到喝酒时还要苦上好几倍。

过去他都没有想到酒窖里有酒,日子也是一天天的过了。现在让他想起地窖的酒,他一路走肚子就愈觉得饿、愈觉得口渴,一直想:如果有一杯酒下肚,一定可以精神百倍,体力大增。他愈想身体愈无力,也愈无精神,好不容易走到家门,一进房里整个人就倒下了,无力、饥饿、口渴,只求一杯酒喝下——这种心态使他仿佛得了重病一样。他太太看到丈夫的模样吓了一跳,以为他病得很严重,急忙叫唤他,这第八代主人却有气无力地说:"现在我很想喝一杯酒!"

太太说:"这很简单啊!我们家的酒非常多!"

他赶紧摇手说:"不、不,我不能在家里喝,如果在家中喝酒,酒味一出,别人闻到会去酒窖偷酒,那些酒就会消耗掉,所以我不能在家里喝酒。"

太太说:"要不然到阁楼上喝也可以。"

他又说:"那也不行,我还是到离家远一点的树林内去喝,你用密封的瓶子去取一瓶,然后帮我做一些菜,千万要记得盖好,不要让任何油味、菜味、酒味跑出来,然后送到树林内让我享用。"太太觉得很无奈,但也只好照着他的话做了。

这第八代主人走到离家有一段距离的树林内,四处看看确定毫无人影,才叫太太将酒菜摆在树林内,独自一人饱餐了一顿既油腻又丰盛的酒菜,他吃得十分安心,因为没有被人闻到香味。

此时,有一位天人乘机化成那位主人,外形简直一模一样,从大门直入,向守门及每位佣人露出祥和的笑容。他向管家说:"我今天想打开大门,开粮仓、酒库,将大半的财物做一个大布施。"

管家和家丁们听了都非常惊讶、面面相觑。他看到夫人也告诉她:"我今天要做大布施。"太太也十分惊讶,心想:可能是丈夫喝酒后,柔和了他的心,所以才会想到要布施。太太非常高兴,急忙取出钥匙请管家、佣人打开粮仓、酒库、财库,又听丈夫的话,叫人敲着鼓,至城内宣布某某长者今日要大布施。

自从他承继家业后,已经很长的一段日子,不曾有贫困的人跨进他们家大门,好不容易今天要开大门、行大布施。因此,全城的贫困人家都来得十分踊跃,他们很快地把酒库的酒一坛一坛搬出来分发,一会儿就送完了;粮仓的米也是一包一包地布施出去;还有金银财宝也同样做大布施。

贫困的人拿到东西都欢欢喜喜地回去了,经过树林时,阵阵人声喧哗——有人说:"感恩长者大发慈悲,今天我所得的东西,让我一辈子都不用愁了。"又有人说:"对啊!长者自他的祖先以来都非常的慈悲,难怪他的家园会如此富有。"有人说:"原本以为这第八代的长者是一毛不拔的人,他祖先所累积的德被他给败掉了,今天却出乎意料之外,能够开大仓、做大布施,他的善念原来是要累积在一起才布施出去……"那一群群的人都不停地赞叹第八代的长者。

当时他喝得醉醺醺,可是听到那么多人一个接一个走过时都在赞叹他,这时他忽然惊醒了,急忙跑回家,一看——竟然门户大开,空米袋都聚集在门口,酒桶也散落满地,尚未收拾。他气得破口大骂,质问道:"是谁出的主意,为什么要做大布施?"大家看到另一位主人回来,都怔在那儿,非常莫名其妙。主人不断地叫骂,进到房内,猛然看到一位和他长得一模一样的人坐在主位,他大声说:"你为什么进入我家?为什么将我的财物布施出去?"

坐在屋里的长者故意对他说:"你是谁?这个家本来就是我的啊!"悭贪的主人气急败坏地说:"谁说的?这家产是我的,叫我太太出来问就知道到底谁是她的丈夫!"

太太走出来一看,为何两个人长得一模一样?但是屋内这一位是这么的柔和、慈悲、懂得施舍,让大家欢欢喜喜的,她就指着屋内的这位说:"当然这位才是我的丈夫。"

看到太太不承认他,于是又叫管家来,对他说:"我每天请你做账,与你接触,你认清楚谁才是你的主人。"

管家就说:"当然是原本坐在屋内这位才是我的主人,他的祖先都非常仁慈,这位长者才像他的祖先,所以他才是我的老板。"

长者又急着问仆人:"你们说,到底哪一位才是你们的主人?"

此时,所有的仆人也一致认为大开酒宴,让他们吃一顿饱、又喝了酒的这位和善的长者才是他们心目中的主人。

这第八代主人顿时觉得万念俱灰:竟然自己的太太、管家、奴仆都不认我! 这时他想:能做主的只有国王,所以急忙跑到王宫向国王投诉。国王认为这是一件不可思议的事,即派人去请另一位长者来,天人化成的长者来到国王的面前,即说:"第八代的主人是他,不是我;不过,他的祖先非常有善心,长年来都在国内帮助国王照顾贫困的人,但是,他们的子孙不懂得祖先传下来的德意,守住财物,不肯善加利用,违背祖先的本意;我觉得这是不正确的,所以我代替他的祖先来教训他。希望他能继承祖先的德业,爱护国内的人民。"

第八代的长者听了十分惭愧,领会到:人生确实没有所有权,没有永久属于自己的东西,以往一直与人结恶缘,因此碰到困难的时候,没有人肯认我,这样守着万贯的家财又有何用呢?他如梦初醒,知道应该利用自己现有的一切,好好地布施与人结一分善缘。于是向国王发誓:"今后我要好好做一位真正护国、助民的好长者。"

佛陀说:"尽管他的祖先已替他播下许多的福因,他本身如果不会造福缘,果报也是不堪设想啊!"

我们一定要好好把握、爱惜这分好缘,用这分好因努力经营福缘,才能修得福慧之果。

末利夫人的故事

有一段时间佛陀带着弟子们来到摩伽陀国宣扬佛法，许多人都接受了佛法的教化；包括平民、生意人乃至高阶层的人士也纷纷来求法。连皇后末利夫人和宫中的采女也虔心求法，并且皈依佛陀座下，成为在家的护法居士。末利夫人非常崇奉教法，甚至在初一、十五都严持斋戒。

那时有一位商界的领导者——波利；当时的大商人都在海上贸易，不然就在海中取宝。有一天，波利带队出海了，忽然海神出现在海面上，挡住了船的去路，海神向波利说："如果你可以答出我的问题，船就可以通行；如果回答不了，就休想通过。"

这位商人的领导者波利就说："你有什么问题尽管提出来吧！"

海神就用两手捧起海水，刁难地问道："大海的水比较多，还是捧在我手中的水比较多？"

波利回答:"我的看法是——你手中的水比大海的水还多。"

海神说:"海水那么多,你为什么说我手中的水比海水多?"

波利机智地说:"假如你手中的水是一股清净的泉水,这些水就可以救人;人在饥渴时,只要喝你手中所捧的水就可以得救;海水虽然量多,但是人们口渴或饥饿时却没用。所以,可以救命的水就是最有用的,更胜过量多而'无用的水'。"海神听了,心里很佩服,他很欢喜就从身上拿下一个八宝做成的"香珞",此物不只美丽,而且价值连城,非世间一般的宝物可以比拟,把它献给波利后,海神就消失了,船队也得以通行无阻。

波利得到这件宝物时思量着:我到底有什么德行,能够得到这么宝贵的东西?我哪有这个资格呢?于是,他打定主意,要将香珞献给全国最尊贵的国王。因此就将这件宝物进献给国王,国王接到香珞,也叹为世间最稀奇的宝贝,到底谁有资格替他保管这东西呢?当然是由妻妾保管了,但是后宫佳丽那么多,要给哪一位呢?国王即传令下去,让后宫佳丽都知道有这件宝物。并且要她们装饰自己,让国王看看哪一位是最美、最中意的人,就将这件稀有的宝贝送给她、请她保管。

这时后宫的佳丽都很高兴,个个都装扮得很艳丽,欢欢喜喜、争先恐后地来了,虽然有众多的妃子,但是国王却看不出哪一位是最美的,因为再怎么比也都有一些缺点;那时候国王发现少了一位末利夫人。国王就问侍卫:"为什么末利没有来呢?"

侍卫报告说:"今天是十五,是末利夫人斋戒的日子,她今天不能穿艳丽的衣服,所以没有来。"

国王有一点不高兴地说:"她的斋戒难道比我的命令更重要?跟她说她一定要来。"

但是末利夫人接到传令时,仍坚决不想参加,她说:"平常的日子,我都可以应国王的召唤;但是,一个月当中只有一天是十五,这斋戒的日子很难得啊!"所以她还是坚守她的斋戒,没有去见国王。

国王等了好久,还是没看到夫人,于是很生气地再传令下去,当末利夫人听到国王真的很震怒时,她只好不施脂粉,也没有换穿艳丽的衣服,只穿着干净的素服就到殿前来了。

国王一看，忽然眼前一亮，因为周围都是打扮得五光十色的女人，大家都争相斗艳，让他看得眼花缭乱，唯有末利夫人忽然间从殿外进来——全身的素服、满面的清净，平时不觉得她很美，今天怎么特别美丽呢？国王很高兴就将香珞送给末利夫人。

末利夫人接到香珞后说："我何德何能呢？生为女人已经是业重了，加上平时在宫中享乐没有造什么福，我哪有资格接受这么稀奇贵重的东西呢？"

国王说："可是我已经说了，这个东西就是要给我最心爱的人；要给我最中意、最美的人，你就是我最心爱、最欢喜、最中意的人，所以我一定要将这东西给你，不然我要将这给谁呢？"

末利夫人灵机一动，说："你要给心中最爱的人，我接到香珞也要献给我最恭敬的人。希望您答应我的请求，这样才能表示您心中的最爱是我。"

国王说："好，只要是你心中的愿望，我愿意帮你完成。"

末利夫人就说："我要将这个宝物奉献给佛陀，真正难得的是世间能够有佛住世，更难得的是佛陀游化到我们的国家,在此为人民说法教化,让我们的社会能够很祥和,所以将这个宝物献给德高望重的佛陀,才算是功德圆满啊!"

国王听末利夫人这么说,也觉得很有道理,因为他听到很多大臣都去听闻佛法,又听说佛陀来到他的国家感化很多人,所以国王同意了,又跟末利夫人去觐见佛陀。见了佛陀,他们很虔诚地作礼,然后就将香珞呈给佛陀,供养佛陀。国王又要求佛陀开示,佛陀即为他说法。于是国王也皈依在佛陀座下,成为佛陀的在家弟子。

这段故事,可以说明——在人间人人都想追求"美",但是"美"不是刻意去装扮出来的,真正的"美"要从我们的内心散发出来,而真正的"朴素纯净"即可表达内心的美。

因为再怎么刻意装扮的"美"也挡不了"老态"来临之时,年轻时可以说"美",老的时候再怎么装扮也都不美了,可见装扮出来的美只能欺骗一时而已;但如果有内心真实的"美",则不管年轻、年老,人人见了都会产生欢喜心;让人一见就欢喜安适,这才是真正的"美"。所以说——要得到真正的"美"必先要厘出清净、智慧的心,从内心"真、善"发出的"美"才是世间真正的"美"!

五百采女闻法记

在佛世时,舍卫国有一条河,河的彼岸有一座小村庄,村里有五百位女众修行者住在小山丘下。

这五百位修行者,所修行的是外道的教法。她们体会到人生之苦、生命的短暂,尤其生为女身,事事不得自由,因此她们有了出世的思想——希望能够求得解脱的道路。所以,这五百位妇女就在一起修行,一心向道,可惜的是她们不曾听闻佛法,所奉持的是外道教法。

她们每天都要爬到山丘最顶端的地方,去采集一种名叫"天香"的香料。然后设台祭天,每天叩拜祈求梵天加被她们,祈求有一天她们过世时,可以生到梵天,永远不要再来做人。所以她们每天都不辞辛苦山顶、山下两头奔波,还花费很多其他的物资来祭天。

经过很长的一段时间,佛陀知道这群妇女求道心切,便决定去度化她们,将她们求道的热心,转向正知正见的道路去实行。于是带着弟子们,浩浩荡荡地过了河,抵达那个小村庄。

当时,刚好是这些妇女祭天的时刻,佛陀带着弟子们忽然间降临,这些祈求膜拜的妇女,一看到佛陀庄严的形象,眼前又是一片光芒,以为是梵天王降临,大家赶紧膜拜,求梵天赐福!

那时,有一位天神说:"他不是梵天王,而是三界的导师、世间的慈父——释迦牟尼佛。"这些妇女修道者,虽然以前不曾听过佛陀的名号,也不知世间有这位圣者;不过,现在佛陀出现在她们面前,又听到"释迦牟尼佛"这个名称,她们内心欢喜雀跃,无法自制地膜拜!

佛陀慈祥地对她们说:"久违了!"

这些女众修行者听了心想:我们从来不曾和佛陀见面呀!为什么佛陀会说"久违了"呢?但是她们觉得像是迷失的子女在外面流浪,忽然看到慈父慈母那般亲切。大家不由自主地痛哭流泪,请求佛陀救她们、为她们皈依。佛陀就慈悲地为她们皈依和说法,让大家心会意解,当下很多人就证果解脱了。

那时,佛的随行弟子们看到这些妇女,心想:她们为何这么有福呢?让佛陀亲自来到这里度化她们,又为她们说法,而且立刻有这么多位能心会意解、证得果位,大家都觉得很不可思议;尤其是佛陀说"久违了!"这句话让大家心中都有疑问,所以便请佛陀为大家开示这段因缘。

佛陀说:"对呀!众生会与佛相遇,一定有其因缘。"佛陀就为弟子细说过去的因缘——在迦叶佛的时代,当时有一位长者非常富有,称得上是"富甲天下",他的家中有很多奴仆,他的夫人身旁就有五百位采女在伺候她。

这位夫人向来善恶分明,她知道人应该向善,假如有人不守本分、心中有恶念、行为不端……她一定是嫉恶如仇;因此,平时她和这些采女,生活在自己所设定的境界范围之内,很少和外界接触。

有一天,国王设宴招待大臣,也邀请地方上的长者,当然,这位长者也是被邀约的对象。长者接到国王的邀请函,就向夫人说:"这是国王的邀请,不得不去参加呀!"他恳切地要求夫人和他一起到皇宫去,他的夫人只好随着长者带着这五百位采女去赴宴。

当时,国王也很尊重迦叶佛,所以迎请迦叶佛来为宫中的大臣和长者说法。在皇宫说法时,迦叶佛身旁有一位弟子精严戒律,是智慧慈悲具足的修行者,他也度化了很多人。

迦叶佛演说妙法之后,旁边的弟子也在那里助缘,这位长者的夫人听到佛法,心生欢喜。迦叶佛就向大家说:"你们看!这位长者的夫人多么端庄!她的心行端正,谨慎分辨善恶,她是有善根的人,若是一路精进修行,将来必能解脱终至成佛!"

这位夫人心里很欢喜,赶紧叩问迦叶佛:"佛啊!我可以修行是吗?将来谁可以度我?"

佛就指着旁边的弟子说:"你看,这位比丘将来要在娑婆世界成佛,是未来的释迦牟尼佛。你若能好好修行,一路精进,到那时,即可适逢释迦佛在世,释迦佛可以引度你,化导你的道心,你们的因缘就是——在娑婆世界相会呀!"当时,迦叶佛旁边的修行者听到佛陀为他授记,他也心生欢喜。

释迦牟尼佛说到此,就回过头来对他的弟子们说:"这就是过去的一段因缘。我和这五百位妇女是在迦叶佛时就见过面,从那时候见面到现在,已经过无量劫——这是很久很久以前的事情,所以我说'久违了!'"

弟子们听了,大家恍然大悟——原来人与人之间,会相遇真的都是有因缘的。

神射手的王子

《阿含经》里有一个这样的故事——有一个小国家，国王有两个儿子，大儿子长得一表人才，而且箭法无人能胜，文武双全。所以，得到全国人民的敬爱。

二儿子则不同，他一事无成，只有强烈的贡高嫉妒之心。这两个兄弟虽然是同父同母所生，但资质的差异却很大，国王对此也很了解；因此，当国王年迈时，便想把王位传给大儿子。

有一天，老国王即向大臣宣布这项消息。但是，太子对名利看得很淡泊，他考虑到弟弟平时的嫉妒之心，心想：如果接下王位，可能对全国不利！他不愿意兄弟之间为了王位而伤害手足之情或引起内战。因此，坚持不接受王位；所有的大臣费尽口舌劝他，但太子却不为所动。于是在万不得已的情况下，老国王才把王位传给二儿子。

次子接受王位之后，心里并未感到欢喜；因为，全国人民的心均向着太子。他暗自立誓要除掉哥哥，才能称心如意！且朝中也有少数奸佞之臣从中挑拨，故意向新国王说："太子一直在收买人心，将来一定会夺取王位！"火上加油的结果，新王就下令要缉拿太子，抓到后马上处死！

国王的侍卫得知消息，赶紧通报太子。太子觉得非常无奈，因为，他觉得自己已经退让一步，并抱着与世无争，只求能平安度日、让百姓生活安乐的想法，怎奈竟连这种期望也无法达到。他知道自己的安危事小，然而可能引来全国的不安事大；于是决定暂时离开自己的国家。

太子只带着自己的弓和箭离去，到达邻国时，邻国的大臣看到这位一表人才的武士，虽然不知道他是邻国太子，但对他的才貌很有信心，于是邀请他回朝，也建议国王挽留他。太子只求有个安身之地即可，而国王看到他也很欢喜，就礼聘他担任侍卫。

从此，这位太子隐姓埋名于邻国当国王的侍卫。而国王身边原有的侍卫却开始嫉妒；因为他来路不明，却深受国王赏识，大家心里忿忿不平，于是商议要把他驱逐出境。

有一天，国王带着侍卫到花园游赏风景，当国王走累时,就在一棵果树底下休息,国王看到串串的果子都成熟了,灵机一动,便向所有的侍卫说:"看！那累累的水果都已成熟,谁能够用弓箭把成串的果子射下来,我会重重有赏！"其他的侍卫都认为机会到了,向国王说:"这位由他国来的侍卫,我们都不知道他的箭术如何？现在正好可以请他表现一下,我们也可以见识见识他的箭法。"

国王向新来的侍卫说:"你有办法吗？"

新侍卫说:"可以呀！这很容易,不过请问国王想看箭头由上而下或由下而上的射法？"

国王说:"平时的箭法都是向上的,难得看到向下的。"新侍卫就说:"好,我的箭从射出到落下会有一段时间,您可以等吗？"

国王说:"能够看到箭慢条斯理从空而下,这也是难得的享受呀！"

于是,国王指定一串水果,新侍卫射出一箭时,只见箭由下而上,从果子的正中心射入,然后飞出再由上而下把果蒂射断,水果纷纷落下,而且果蒂断得整整齐齐。大家看得眼花缭乱,不知要看箭或是看果蒂？还是看纷纷落下的水果？如此高超的箭法,真是难以言喻。大家都心服口服，至此，这位新侍卫才能安然住下。

他的弟弟登基之后，不但领导无方，又不施行德政，只是贡高我慢，使得百姓积怨不平，而其他国家打听到——拥有神箭法的太子已离开本国到了别国，就想联手吞并这个小国。

新王得知消息后，心里非常惶恐；平时他耀武扬威，现在灾难临头，他非常恐惧，心想："如果大哥在国内该有多好！"

他起了思慕之心。于是派人四处去寻找太子，大臣也听说邻国有位神射手，就去找这位侍卫，大臣看到他时，发现原来他就是太子。太子听到这位大臣的报告非常忧心，因为他仍然很爱自己的国家和人民，因此他立刻向国王请假，回到自己的国家。

已登基的弟弟看到哥哥回来，非常欢喜地展开双臂拥抱哥哥，向哥哥诉苦。哥哥安慰他："没有关系，我有办法！"

于是，他登上城墙，然后往敌军的阵营射出一箭，这支箭飞得很远，正好射中敌军宴席的正中心。当时，七国联军的庆宴，正在计划着明天发兵之事，七位国王和大军突然看到这支飞来的箭,大家都吓了一跳,定睛一看,箭下附着字条,说:"太子已回国,请诸位大王熄掉侵犯之心!"

这些国王看了大为吃惊,只得知难而退,于是终于平息了这场灾难。弟弟也知错了,决心要把王位还给哥哥,但太子不肯接受,他说:"我爱的是你的心和宽谅,希望你也用宽心爱人。"弟弟很感动,更加敬爱哥哥,并由哥哥护持弟弟领政,此后其他国家再也不敢有非分之想。

这就是告诉我们,平时待人要时时退一步,爱心要时时宽一寸,必能保有海阔天空的胸襟。

下篇

福德与业果

试问人生什么是快乐?

其实快乐只在一念之境,

天堂地狱都由心起。

小国夫人的福报因缘

人与众生的差别就在于人有礼义廉耻。当佛陀住世时,有这么一段故事:有一次佛陀带着僧团游化诸国,经过一个很小的国家,这个小国家的国王很景仰佛陀,听到佛陀要经过他的国度,认为机会难得就赶紧在边境上迎接,当他见到佛陀时非常恭敬,很虔诚地邀请佛陀入宫接受供养,佛陀慈悲地答应他,然后带着弟子们浩浩荡荡地进皇宫去。

宫内的人很慎重地准备了斋饭,佛陀和弟子们就在那里接受了丰盛的供养。那时国王很高兴地将他的夫人请了出来,夫人也很虔诚地顶礼佛陀,但是比丘们看了国王的夫人,每个人心中都很纳闷。

圆满供养之后,佛陀为他们说法,然后国王和夫人又很虔诚地送佛陀一行出门。佛陀带着弟子们离开皇宫后,途中有一棵大树,大家就在大树下休息,众人围绕着佛陀席地而坐。此时,佛陀问弟子们:"刚才接受国王供养,他的夫人出来施礼时,我看到你们有疑惑的表情,是怎么回事?"

比丘之中就有人回答说:"我们心里很疑惑的是:虽然那个国家很小,国王也只是一个小国王,但他也是一国之主啊!为什么娶了一位那么肥又那么邋遢的女人作为王妃呢?真是让人觉得困惑。"

佛陀听了微微一笑说:"你们知道吗?人生最重要的是知'廉耻',国王跟他夫人的姻缘就是出自一个知'耻'。"

比丘们听了很疑惑,佛陀又说:"你们认真听我说,当那位夫人还很年轻时,有一天她出门去,在途中忽然内急,必须找个地点方便;当地人习惯于随处便溺,可是她很胖,要蹲下去很不方便,所以她就找了一处较高的地方蹲下来方便。"

突然听到国王出来巡视,要打从那儿过,她一时急了就用身上披的布将全身裹起来。国王经过正好看到她这般模样,心想:这女孩很懂得自爱,所以知道将她的身体包得很好,像这样的女孩就是知廉耻的人,如果将她娶回家必定会以身教帮我料理天下事。

因此国王就问身边的侍者:"是否有人知道这女孩住哪里?"侍者就去调查,然后告诉国王:这女孩是某某人的女儿。国王回宫后就派人去提亲,然后把她选进宫里。佛陀说:"就是这么简单的因缘,只是出于一个知耻的举动而已。"

胖女孩知道廉耻,所以用整块布把全身遮盖起来;而小国王抱着尊重廉耻的心,觉得她知廉耻、懂得自爱,只是凭着这种直觉就将她娶回来。但是女孩子进了皇宫之后,她的本性原就邋遢,人也越来越胖,所以当比丘们看到她时,才会觉得国王的夫人为什么那么胖?那么邋遢?佛陀说:"她就是因有这分知耻的心和动作,才得到可以进皇宫的福报。"

所谓"一念三千福",心中如有一念善,一念的礼义廉耻,再加上小小的动作,往往就可能影响人的一生。人生的转变往往维系于时时刻刻的小动作,而这个动作说不定在因缘成熟时就会带来福分,因此我们要时时培养廉耻之心,廉耻就是清净无污染之心,有廉耻之心才不会受人耻笑。

总之,我们要先学做人,直到"零缺点"时,才能渐渐达到佛陀的境界,做人如果还有缺点,那要成佛就难了。有人可能会说:"要做到零缺点很难,那成佛不是也几乎不可能了吗?"不会的,有志者事竟成!像那位国王的夫人只是一个动作就可以得到那么好的福报,可见不能轻视一点点的动作,一点点的善心净念,因为它们都可以累积成大福缘。

业果的故事

在佛教中有一段故事——有一位高僧行脚于各个寺院、去礼拜参访。有一回,他来到瓦观寺挂单,在寺中礼拜《法华经》;同时,也在那儿研究法华的道理。

有一天,在半夜时分,他忽然肚子不舒服到厕所去,刚走到厕所门口,却见一个鬼站在外面。高僧一到,鬼立刻五体投地顶礼跪拜,高僧就问鬼说:"你为什么守在厕所门外,看你那么虔诚,为什么会堕入鬼身呢?"

鬼就跪在地上悲泣地说:"过去生我也曾出家,当时在寺院中,掌过香灯、知客等执事,在那期间,不小心犯了戒律,所以死后就堕落做噉粪鬼。我知道大法师您的德行很高,唯有以您的德,才能超拔我。"

这位法师就问:"你到底做了什么事?"鬼说:"我自己也不清楚,我一定是犯了戒律,所以才会受业报,但是不知犯了哪条罪?"法师就说:"不管犯了哪条罪,都是从身口意三业所造;你是否曾犯杀、盗、淫?"

那个鬼说:"没有啊!我出家以后,身没有犯杀、盗、淫。"法师就又问:"你是不是犯了口业?妄言、绮语、两舌、恶口?"

鬼想了想说:"妄言倒是没犯;恶口就难免了;两舌呢?也是难得清净;绮语也不敢说完全没有。"法师再问:"在心意方面,是否犯贪、瞋、痴?"

鬼想了想就说:"很有可能是贪心,这就是我的毛病,以前做香灯、知客的时候,难免要面对很多人,在这当中,我有时会生起不清净心;贪了香油的供养,也贪图供奉的金钱,这个'贪'可能是我最大的罪;'瞋'也没办法控制;'痴念'也有,因为我智慧未开,时时心中都有烦恼,我想我的业可能是犯在口业和意业。"

他真心诚意要改过,就向法师说:"我知道错了,请法师代我做功德。"他说:"在柿子树的下面,有三千钱在那儿,希望您请人掘出柿子树的树根,拿出埋在那里的钱,请为我做好事、超拔我的苦难。"

法师等到天亮时,就邀几个人带着锄头,到柿子树下挖掘,果真挖出一个瓮,里面有三千钱。法师就用那三千钱为他写了一部《法华经》,剩下的钱全部拿去救济贫困。

过了一星期后,那个鬼又来到法师的寮房,向他顶礼答谢说:"我的业已经转了,比过去好很多,以后我还会努力精进再精进,希望能脱离鬼身,将来回归人道,好好修行。"礼拜之后,鬼就消失了。

生命的过程多么奥妙,而凡夫却往往无法了解。当我们造福时,可以得到多少福报?造恶时,又将承受什么样的报应?学佛就是要活得明明朗朗,了解为善作福,以后所有的善果都是自享的;为非作歹,一切的业也都必须自己承担,这就是修行所应了解的——如是因、如是果、如是报。

饿鬼与天人

佛陀时代有一则故事——当时,佛陀在祇树给孤独园讲经,有一位很年轻的长者子常常去听经,觉得佛陀的教育既实在又很有智慧,因此,他一心向道。可是,家里的老母亲却很不高兴,虽然她不喜欢儿子常常亲近佛陀,不过,她非常疼爱儿子,也不忍违背儿子的心意。

有一天,长者子向母亲提出要求:"我想出家为沙门!"

然而,他的母亲怎能接受呢?她说:"只要我还在世的时候,你绝对不能出家。"又说:"而且这段时间内,你要认真做生意,不可以把心思分散,要赚很多钱才行。等我阖眼之后,要修行才由你去,现在只要一心一意赚钱就可以了,不可以亲近佛陀。"

长者子很孝顺,他答应老母亲的要求,顺着她的意思去做。佛陀也教育弟子要孝顺"堂上活佛"——父母,因此,老母亲还在的时候,他要全心全意孝顺妈妈。

他日日夜夜都专心于赚钱,但是他赚来的钱,母亲都舍不得用。有沙门来托钵,她也不肯布施。有时甚至大声辱骂出家人;若是乞丐来到门口,她就叫人打走乞丐。总之,她非常悭贪,没有一点儿施舍心。

她把儿子赚的钱换作金银,然后在房子四周掘地窖,把金银都藏在里头;尽管儿子赚再多的钱,她总是说不够用。经过很多年,他的母亲因为一病不起而往生了。老母亲往生后,长者子就到僧团出家修行。

长者子出家后跟随在佛陀的身边近十年,他非常用心地接受教法。后来,他找到一个清净之地,就向佛陀请求到那里筑茅棚静修。

有一天,草屋外面来了一位衣着褴褛、蓬头垢面的女人,她全身像被火烧过一样,非常丑陋,她向里面又跪又拜的,啼哭不止。修行者出来问她:"你从哪里来的?为何这般模样?又为何啼哭?"

她说:"尊者,还认得我吧?二十年前我是你的母亲,因为我悭贪、辱骂贤人又阻碍你去修行,世间的恶业无所不作,所以死后堕入饿鬼道,受尽了种种苦楚煎熬;现在想要解脱苦难,唯有仗着尊者您的力量啊!"

修行者听了心里非常悲苦,没想到自己出家那么久,而母亲却在饿鬼道里受苦,他问道:"我要如何才能救您?"

她说:"一定要将我所有的东西拿去布施、造福、遗爱人间,我才能解脱。"

他不知道母亲生前都把金银藏起来,便问:"有什么东西可以布施呢?"

他的母亲说:"我把金银藏在房子四周的地窖,你可以把所有的金银挖出来,布施给贫困急难的众生,也可以供养有道的修行人。"

于是,修行者赶紧去处理,他举行一次无遮大法会,也就是布施的法会,他把地窖里所有的金银换成粮食、物品,于四十九日内,凡是饥饿、贫困的人来,一律有求必应,把所有的家产完全布施出去。

圆满的那天晚上,他的母亲像天人一样,穿着洁净的白衣来到尊者面前,向他叩头道谢,感谢尊者为她造福,让她得以免除饿鬼之苦,而且托儿子修行之福,已能往生天堂了!

从这则佛陀时代所发生的故事,也可警惕现代的众生;平日财物应"取诸社会、用诸社会",广为布施多多植福。

婆罗门请法记

佛陀在弘法时，须面对芸芸众生，以及各种不同的宗教信仰者，不断地为人解惑。若有人提出问题，佛陀就为他们详细解释说明。佛陀提倡涅槃寂静的境界，也教导弟子们如何进入涅槃寂静的心境，凡是佛陀的弟子都很向往，甚至外教弟子对此也都很好奇。

有一天清晨来了一位婆罗门教徒，他很敬重佛陀的人格，也能接受佛陀的教理，更向往涅槃寂静的境界，所以他也来听闻佛陀的开示。他恭敬作礼之后，向佛陀请教说："佛陀，您所说的涅槃寂静解脱之境，是我向来向往欣慕的目标。但是，要如何才能解脱呢？如果我死了，要如何才能进入涅槃？灵魂如何脱离？灵魂又会到哪里去呢？"

佛陀回答："在我的理念当中是不生不灭，没有来去的。"

这位婆罗门教徒听了觉得很疑惑，说："为什么会不生不灭、没有来去？人死之后，难道还永远住在世间吗？"

佛陀又为他解释："人的本性是不增不减、不生不灭的，这种境界就是自在解脱之境。"他愈听愈不了解，心里愈是迷糊。

佛陀说："我的回答你不能了解，那现在换我问你，由你来回答。比如：有一根木柴被点着了，若有人问：'为什么会有一盏火？'那么你要如何回答？"婆罗门教徒就说："我会回答：'因为有木柴被点着了，所以会看到火光。'"佛陀又问："若是这把火光熄灭了，又有人问你：'火为什么熄灭呢？'你要如何回答？"婆罗门教徒说："我会回答——因为木柴已经烧完了啊！火当然就熄了。"

佛陀又进一步问："如果人家问你——火熄了到哪里去了呢？"婆罗门教徒说："那么我会回答他说：'你未免问得太多了！当然是有木柴才能点火，木柴烧完火自然就熄了，这是很自然的过程啊！为什么还要问火熄了之后往哪里去？'"

佛陀很慈祥地说："对啊！这是一样的道理；人的烦恼来自有这个身体，又必须面对种种人事，所以'根'对境才会生起烦恼——六根对六尘即产生六识的烦恼。如果能够了悟:因根、尘、识等'因缘假合'而生分别心才会产生烦恼。然后进一步把烦恼去除,也就是转识成智——把智识转成智慧;把根、尘、识分清楚,不去执著它,我们自然能以智慧去转境。"

"总之,有了身体,有了根、尘才会惹起烦恼的火焰,我们要把根尘厘清,烦恼之火才能熄灭。心中没有烦恼的火焰,才会有解脱的心灵,心境才会自在;心对境不生烦恼,这就是涅槃呀!并不是死了之后才有另一个涅槃;涅槃就是解脱,寂静光明的心地就是涅槃啊!"

那位婆罗门教徒终于听懂了!是啊!离开"现在"当下,哪里还有一个涅槃的境界呢?想求得解脱——离开日常生活,要去哪里求解脱呢?就是因为有烦恼的名称,所以才会有解脱的境界,这原本就是相对的;有心灵的生灭,才有涅槃的名称,这不过是一念之转。

我们学佛若能深刻体会佛陀所宣说的道理;每天面对各种境界时都能厘清它,就不会听到各种杂音而心生烦恼,也不会眼见色而生起欲求之心。此外,鼻根、舌根、耳根、意根的作用也是一样。

在日常生活中,若能认清本分,真正发挥良能,怎会有烦恼呢？若能天天如此，则每天所面对的都是光明的境界，也就是涅槃寂静的境界。学佛想求得解脱，当下即可得到；想得到涅槃的境界，在今生即可得到，只要你的心地没有黑暗、自在澄清，当下就是涅槃的境界。

世间四事不可轻视

　　做人最根本的原则就是"礼节",要懂得"敬老尊贤",也不可轻视年轻人。佛陀刚成道时年纪还很轻。那时,舍卫国祇树给孤独园刚建好不久,舍卫城的人民每次听到佛陀来到精舍,全城的人就会很踊跃来听佛陀说法。

　　在那个时期,有一位舍卫国的国王——波斯匿王,听说佛陀正在说法,他原本以为一位已觉悟的大觉者必定是个德高望重、年事已高的人,他抱着这种预期心理来到精舍。

　　等他拜见了佛陀,看到佛陀还那么年轻,他心中就起了一分疑惑——佛陀看起来才三十几岁,难道他真的对世间的一切都已觉悟?于是他很坦白地问佛陀:"佛陀,您真的对世间的一切都觉悟了吗?您真的可以解脱人生种种的迷惑?"

　　佛陀就说:"大王,世间有四种事,你不可轻视!那就是——王子年少不可轻视;龙蛇虽小亦不可轻视;火苗虽然小也不可轻视;沙弥虽然年幼,你也不可轻视他啊!"

佛陀又做了一番解释说:"因为王子虽然刚出世,但他将来长大成年后会继承王位、统领国家,所以王子虽然年少,却不能轻视他;而'龙'可以呼风唤雨,天下得以风调雨顺都要靠及时雨,雨若下得及时,万物即可欣欣向荣,非时雨或久旱不雨则会形成灾难。而龙的力量可以掌握气候雨水,所以不可轻视;'蛇'虽然小,但有毒性可致人于死地,当然也不可轻视;'火'苗虽小,但那小小的火种——星星之火就可能造成很大的火灾,所以说火苗虽小也不能轻视它。"

"还有,你不要轻视年少的出家人——沙弥,因为他少年之时即深入经藏,可以吸收很多觉悟之道,他未来对人群会有很大的奉献,可以教育人们解除心中的烦恼。所以,年幼的沙弥你也不能轻视;同样的,年少的比丘当然不能轻视啊!"

国王听完后觉得很有道理,知道在人生道上,不能随便轻视他人,不只是要重视大的事物,即使很小的事物也要重视,不能有轻慢之心,这是波斯匿王和佛陀初见面时的情形。波斯匿王从那时起对佛陀就很敬重,后来他也皈依在佛陀的座下,成为一位在家的大护法。

学佛者,更应抱持感恩心和平常心,对人对事都要有尊重之心,对老人则更要敬重。"老"有年龄的老,有资格的老,不管是年龄的老或是资格的老,我们都要加以尊重。

反之,资格老的人或年龄大的人也不能轻视较年少的人,有的人"倚老卖老",仗着自己年纪大、经验多就轻视较年轻的人,常喜欢说:"我吃过的盐比你吃过的米还要多;我走过的桥,比你走过的路还要长。"像这样也不好啊!

有经验的人,应抱着爱护年轻人的心去关照他们;年纪较大的人,对年幼的人要像对待自己的孩子一样爱护,如能"对上尊敬,对下爱护",这才是佛陀教导弟子们的伦理秩序。

维摩诘居士的布施观

维摩诘居士生病那段时间,佛陀想派几位弟子去探病,但是,很多人都不敢去,因为维摩诘居士辩才无碍,许多小乘行者都不敢去探望他。

那时,有位在家居士善慧,他很发心也很虔诚。有一天,他正好去听法,佛陀就希望他能自告奋勇去探病,因为他既年轻又有智慧。

但是善慧也不敢去,佛陀问他为什么?他回答:"因为维摩诘居士言词犀利严正,所以我对他很敬畏。有一次我家设宴供养沙门、婆罗门及外道行者,又布施给贫穷残疾、乞丐等,以七天的时间展开布施会。当时,维摩诘居士从我家门前经过,告诉我:'这样不是真正的布施。'"

善慧问道:"怎样才是真正的布施?"

维摩诘居士说:"应该要法施,只有财施还不够。"

善慧又问:"如何才能达到法施?"

维摩诘居士说:"要以菩提心起慈心,以救众生起大悲心,以持正法起喜心,以摄智慧起舍心。"

"以菩提心起慈心",菩提心就是道,我们要发心于道,以道心起慈心。慈就是与乐,常常给人快乐,不起分别的付出,使众生快乐也就是发菩提心。

其次,是"以救众生起大悲心",既发菩提心,就会想如何才能救度众生,这一念就是大悲心。只要众生身心有苦,我就要设法去救助;看到众生苦而生起悲心,就是"以救众生起大悲心"。

"以持正法起大喜心",要使众生快乐,不只是要给予物质或使其心安稳,还要使用正确的方法,给他们正确的观念和思想,这才是永远的布施。不只我们应发大悲心,令众生快乐,还要启发众生,保持这分大悲心,让他们知道投入、布施,才能得大欢喜。

有句话说:"施比受更有福、更快乐。"如果能引导大家以正确清净的心念去付出,就会得到永远的快乐,这就是"正法";也就是使其不致思想偏差,而能知足快乐。

什么是苦?什么是乐?不是没钱的人就一定苦;也不是地位高、财产多就会快乐,苦乐是依据人们的思想、观念而定,若能安贫乐道,则时时知足也很快乐,这就是正法。所以要"以持正法起大喜心",有了正确的观念,内心常常充满喜悦,不只自己快乐,还能影响别人,让别人也欢喜付出,同享快乐。

"以摄智慧起大舍心",有智慧的人,能不断地舍,舍得没有烦恼,而且很快乐;为了摄受众生培养智慧,必须有"大舍心"。以上就是维摩诘居士告诉善慧关于"法施"的方法。

这可以证明有道心的人即得安乐,不论走到哪里都是道场。每个环境都有不顺心的地方,但常常抱着处处是道场的心,即能以心转境。

在工作中,如能专一心志则没有烦恼,完成工作就会很有成就感。道心即道场,道心即是菩提心;这分菩提心让我们没有烦恼,常常乐在其中。所谓"慈、悲、喜、舍";"慈"即慈善工作;"悲"即是救病苦的众生;"喜"即是人文,扭转我们的观念;"舍"即是教育。日常生活都离不开慈、悲、喜、舍,身体力行,这也正是福慧双修。

维摩诘居士的却敌法

佛陀在世时带领四众弟子修行,有出家的比丘、比丘尼,也有在家的居士;有一位持地菩萨,他也是佛弟子,当他在打坐时,忽然,魔王带领一万二千名美女,来到他的面前,恭敬礼拜。持地菩萨看他们恭敬礼拜,误以为是天帝来了,也很高兴地接待他们。

持地菩萨向他说:"过去生你修了福,所以能享受天福,领导天众。但是,你应该在福中而不沉迷于享福,要知道享福受乐是无常的,应该赶快再造福人群。"

魔王说:"因为我有这么大的福报,所以,我要把快乐布施出去,请你接受这些天女好吗?"

持地菩萨说:"我是出家人,不应该接受她们。"

魔王又说:"有什么关系呢?她们可以为你洒扫环境,又可以唱歌跳舞,给你最好的娱乐献供呀!"

此时,持地菩萨进退两难,正当他两边为难时,维摩诘居士及时出现了,他说:"波旬魔王!持地菩萨不敢要,那就送给我吧！我要她们！"

波旬突然看到维摩诘居士,非常吃惊。维摩诘居士又向持地菩萨说:"你错认他了,他是魔王不是天帝,他要来扰乱你的道心、破坏你的慧命!"回头又向魔王说:"这些魔女你不是要奉献吗？我要收啊!"

魔王非常吃惊,急着要逃遁；但是,维摩诘居士的法力让他难以遁走,他极力挣扎时,维摩诘居士告诉魔王说:"你把这群魔女留下就可以走了!"魔王只好留下这群魔女,自己逃之夭夭。

维摩诘居士即开始为这群魔女说法:"请你们坐下来,听我说话。"大家服从新主人的话,乖乖坐下来听法。维摩诘居士分析道:"人生的欲望无穷,应有四信,才能脱离五欲,去除五欲才能得到常住快乐。四信即：信佛、信法、信僧、信戒。"

又说:"信为道源功德母,想入佛法之门若无坚定的信仰则很困难。所以,首先要信佛。了解佛陀的伟大和智慧,并接受佛陀的教法,得一法而拳拳服膺,相信佛陀的每一句话,把它印入脑海,不可忘失,这样才会有坚定的信仰,也就是信法。接下来是信僧,佛陀无法常住人间,佛灭度后以僧团为主,所以,除了信法,还应同时起尊重恭敬心,恭敬僧伽,因此要信僧。僧伽为传法之人,他们宣说佛法,你们应该如法信受奉行。此外要信戒,僧伽以戒为师,他们说的规戒,你们若能信受而去恶修善,就不会再于六道中轮回,而得到永恒的快乐。"

维摩诘居士说:"戒是去除五欲的第一个要件,人之所以造罪在于贪爱五欲,贪求五欲就难以控制自心,因此才造业。若想止恶而得到永恒的法喜,就要信戒、守戒,脱离五欲啊!"

魔女们听得满心欢喜,心想:对呀!即使住在天堂享天乐,难免还有满心的烦恼,因为心里仍有追求,也有恐惧,唯有维摩诘居士的教法,让人从内心深处觉得法喜无穷。

信为道源功德母,所以要信佛、信法、信僧,但是信仰三宝无非是要人去恶防非,也就是"戒"啊!有恶即止,并且要好好预防,不去造恶;这就是持"戒"呀!不犯戒自然就不造罪业,因而清净自在。

双头鸟的故事

一位老比丘问佛陀,提婆达多乃是佛陀王族的堂弟,也是佛弟子,为什么他出家后,反而恩将仇报,处处和佛陀作对?

"这是很无奈的事。"佛陀说:"从前,有一只双头鸟,它的两个头必须有一个休息,一个保持清醒当守卫。其中一个头很贪睡,所以,经常都是另一个头保持警觉。进食时,清醒的头就得叫醒贪睡的头一起进食;休息时,那贪睡的头又要睡了。而警觉的头也任劳任怨,时时负起安全守卫的责任。"

"有一天,贪睡的头说:'我累了想睡觉,守卫的工作就由你来了',清醒的头也不计较。当贪睡的头沉睡之后,突然起风,把一个香果吹落于地,又刚好滚到双头鸟的身边,那个果子很熟、很香。清醒的头心想:'另一个头睡得正熟,实在不忍心叫醒它,反正我吃了香果,它也一样受用!'于是清醒的头就独自把香果吃了。"

"贪睡的头突然觉得有股香气,而且还听到清醒的头打了一个饱嗝,它就问清醒的头说:'你吃了什么东西下肚?为何打了这么香的嗝,让我觉得神清气爽?'清醒的头说:'是一个香果,我不忍心吵醒你,所以就独自吃了香果。'贪睡的头听了很不高兴,心想:'这么好吃的香果,为何不叫醒我一起享用?'从此,这贪睡的头就深埋着恨意:'好,总有一天我要报复!'"。

"经过一段时日后,贪睡的头向另一个头说:'今天让你休息一下,让我来做守卫的工作吧!'清醒的头欢喜地答应了。当它睡着后,又有一颗果子被风吹落,但那是一颗毒果!担任守卫的这个头想道:'好,我就吃下这颗果子,要死两个一起死好了!'它满心怨恨地把毒果吃了!"佛陀说:"那贪睡的头是多生之前的提婆达多,而常保清醒守护的头就是我啊!虽然我引导提婆达多修行,但是他内心的这股瞋恨,还是永远存在。"

听了这个故事,大家可以了解人生最难控制、最难照顾的就是心!对于一位在俗是堂弟,出家后是弟子的提婆达多,佛陀仍然难以调伏,实在很无奈!

修行最重要的是自己,唯有自己真心想修行、愿意下功夫去除贪、瞋、痴,以及对人的疑念、慢心,才能除去烦恼。否则,即使生为双头鸟,同一个身体,也还是有报复、残害对方的恶念,害人害己,这是多么可悲啊!

美丽的鹿角

《无量义经》里描述着：佛法如天降的甘露，虽然大地炎热，但是等太阳下山后，露水虽微，但它可以滋润大地。其实晚上一直都有露水，虽然不太能感觉它的存在，但清早我们可以看到草尖上有着点点晶莹的露珠，地上也很湿润；如果吹来一阵风也会觉得很清凉而没有灰尘。这就是露水的功用——可以滋润大地，繁衍草木。

吸收佛法时，我们也不必刻意地说："我是学佛的人，我正在学佛。"因为学佛不是光在口中念的，而是内心的修养，它虽然是无形的法，但可以降伏热恼——心中懊恼的热浪。

平时若不会应用佛法、无法让佛法滋润心田，心中的烦恼就会产生。大家都还是凡夫，现在才开始学佛，还没有办法学到将有形的变成无形；让无形的佛法滋润我们的心。但是我们要有警惕心，人的烦恼除贪、瞋、痴外，"我慢、疑惑"也一样要努力革除。

人往往有骄傲、自卑的烦恼,而骄傲有时会让自己丧失生命;自卑也会使自己失去良能。所以学佛的人不要自卑,也不可骄傲。佛陀曾说了一个故事——山中有一头美丽的鹿,它每天悠游在大自然很美的境界中,自由地吃草喝水。

有一天它来到水边喝水,那湖水很清净,它探入水中时,水面上反映出鹿的角,它看到水中的自己,心里很高兴,不止高兴还起了我慢心;因为它的角长得很美,有好几支交叉重叠在一起,好像一棵美丽的树,真的很漂亮。它看到水中的影子,才知道自己原来这么美,因此觉得很骄傲、很得意。

喝完水后,它低头又看到自己那四只脚,那细长的脚却让它觉得很懊恼、很没面子!因为那四只脚很细很瘦,为何这么美丽的头和角会配上这四只不起眼的脚呢?它觉得很自卑。

正懊恼时,忽然听到猎人打猎的枪声,它很惊慌、拔腿就跑,跑到很远的地方,但是由于太过紧张,一不小心让很多树枝和树藤攀住了它的角,正危急时它却苦于无法脱身,当下它才领会到:"使我生命受害的竟然是我最得意美丽的角,而能够救我的却是最不起眼的四只脚!可是现在角已经被攀住了……"

佛陀用这个故事教育我们——人要有平衡的心,不要贡高、我慢、骄傲,应保持心的平静自在,更要尊重自己和他人;另外父母给我们什么样的身体,什么样的形态都应欢喜接受,不要对自己有疑心或自卑。这就是佛陀的教育——平常心就是佛法,平常心也是保护自己身心的妙法。

所以学佛要学"平常心",用平常心体会佛陀的大智慧,心中的烦恼就会及时降伏;当我们面对种种环境时,应学习"逆来顺受",让自己保持安然自在的心态,平常心就像无形的露水,虽然看不到它,但它却可以滋润心地!

补鼓与狐狸

佛陀有一段时间在舍卫国的祇树给孤独园弘法,他常向弟子们说:"大家要身心俱修,若想修心而失戒则慧不可得;修心是为了修慧,想得到智慧必定要由持戒而来。"

佛陀又举例说:"从前有一位好鼓手,他有一个打起来声音很好听的鼓,鼓声可传遍几里之外,可是日子一久,那面大鼓损坏、剥落了。鼓手很刻意地要把大鼓修好,他找来牛皮一层一层地补上去;可是大鼓补好之后,任他再怎么敲声音都不美,鼓手心里很懊恼,又一层一层地补上牛皮,结果声音愈来愈浊了。"

佛陀问比丘们:"这是什么道理呢?大鼓原本就是用牛皮制作的,这是正确的呀!可是为何敲起来声音不美了?"

比丘们回答:"因为他没有智慧、不得其法!"

佛陀说:"对呀!这和修行一样,如果不得其法就得不到智慧。所以我要你们'守戒'就是为了要你们护心；保护你们的身心、开启智慧。一切的业都是从心而起，心中起惑、身造业则必受苦报，所以要勤于守戒呀！持戒精严则心仁，如此自然身具威仪。反之若不自重要如何教人？因此要端正身心、守好戒律。每一个人都希望消除业障，而要消除业障必先修好心念，除去心中的杂念、妄想，所以，过去的事不要一直放在心中，因过去心是杂乱心呀！未来的事也不要有妄想心，每个当下就是我们修行的最佳时刻。"

佛经中还有一段故事，有一天佛陀问比丘们："你们昨天晚上有否听到一只狐狸的叫声？"

比丘们回答："有！那狐狸的叫声好凄惨！"

佛陀说："这只狐狸前世也是修行者，但是他打坐时身体虽然静坐，心却往外奔驰；有一次他心中生起狐狸的声形念头，随后命终便堕入狐狸身！现在若想到自己已堕入狐狸身，他就会悲从中来、啼哭不止！"

佛陀又说："修心最重要的在于修慧，要使身心俱会一处；不可身静而心中却充满杂乱妄想，心念无法控制就会再堕落啊！"

可见修行不在于表面的样子,最重要的是在守戒调心,四威仪中——行住坐卧无不是从守戒开始,修心要"即刻即是",这样才是真正的修心。若是人在这里而心放在过去或未来,这就是杂乱心。大家要记得:规矩就是戒,我们的起居动作都要用心调整;若有一点点不用心,往往后果就不堪设想。

人生无所有权,只有使用权,我们要把握时间及时努力,人身难得、佛法难闻、菩萨道难行;而我们既得人身,既闻佛法,应好好力行于菩萨道上,才不枉费此生!

大象与小狗

佛教常有一句劝人的话语——要结好缘、结欢喜缘；但是，我常常强调——要结清净缘与欢喜缘！

有些人的习气是爱恨很强烈，对自己所欢喜的人，什么都能给他，任何事都可以让他；对于不投缘的人，不管他说的话再好都不愿意听，有这种"欢喜和不欢喜"的感情，就会烦恼造业了。我们要在人群中好好培养平等心、包容心，这是去除习气不可少的步骤，不可对自己所欢喜的人就事事包庇；对不投缘的人则事事排斥。

佛经里有一个故事——佛世时代，僧团中有一位比丘，他出家后每天都去一位朋友家，这位朋友也天天等着他来，然后比丘就在那里用餐，用过之后他的朋友才用餐，吃饱后两人就一起闲话家常。傍晚，朋友即送他回精舍，然后两人还依依不舍地谈话，直到天色暗了朋友才告辞，而比丘又回送朋友到近城的地方，天天都是如此来来去去。这件事看在大家眼里，许多人都议论纷纷，僧团里的比丘也都知道这件事。

有一天,比丘们又在议论这件事,佛陀走进来,看到大家正在议论纷纷,问道:"什么事让你们在此交头接耳?"

比丘们就向佛陀说明这样的情形。佛陀说:"你们知道吗?他们的感情不只来自这一世,而是由过去生一直缠结下来的业缘。"

佛陀又说:"很久以前有一位国王,他很宠爱一头大象,这头大象有专人在照顾,而且天天都用很好的食物喂它。不知何时,有一只小狗不时跑到大象身边,刚开始是离得远远的,不敢太接近。大象吃饭时偶尔会有饭团掉落在旁边,小狗就惊慌、小心地过去捡食;刚开始的一两天很惊慌,三天之后就渐渐熟悉了,后来小狗就很自在的来来去去。大象每次吃东西时,若看到小狗来了,也会故意让一些食物掉落于地,小狗就很自在地吃。从此它们成了好朋友,小狗天天都会来和大象作伴——大象很爱小狗,小狗也很感恩大象。小狗和大象天天快乐地玩在一起,小狗甚至会爬上大象的头,大象也用鼻子揽着小狗;总之,它们成了亲密难分的朋友。"

"经过一两年的时间,有一个人来到象园,看到大象和小狗玩得那么可爱,他就向喂象的人说:'这只狗好可爱,我家也有一头象,我希望把它买回去和我的象作伴。'照顾象的人责任只在于大象,有人要买小狗,这对他有利益啊!因此他果真把小狗卖掉了。但是从那时开始,大象变得郁郁寡欢,整天不吃饭也不喝水又一直悲鸣,好像生病的样子。照顾象的人看了非常着急,赶紧向国王报告。"

"国王即找来一位大臣,要他去看看大象为何突然病了。这位大臣很有智慧,他看了看大象,觉得它不像是生病了,可是为何它不吃不喝、又一直悲鸣呢?他就问照顾象的人说:'这只大象前些时日曾遭遇到什么样的情绪变化吗?'照顾象的人就原原本本的据实以告。大臣又问:'那只狗呢?'照顾象的人说:'有人要买小狗,我就把它卖掉了。'大臣又追问:'买狗的人住在哪里?'照顾象的人说:'我也不知道啊!'大臣赶紧回去向国王报告:'大象没病,只因一时失去亲密的伴侣,才会如此。'并建议国王贴出告示,请买狗的人立刻把狗送回来。"

"告示贴出去后,没几天小狗真的被送回来了,小狗一回来看到大象好高兴哦！爬上象脖子、象头,大象也用鼻子揽着小狗,欢天喜地地又叫又跳。"佛陀说:"当时它们虽然身为畜生类,但从此感情便连绵不休啊！你们知道吗？那只小狗就是现在的比丘,大象是现在那位优婆塞,现在他们的感情还是那么亲密难分,虽然一个已经出家,一个当护法,但是他们之间的感情还是不正常。而当时的那位大臣就是我。"

佛陀说:"修行要改掉过去的习气,能够修行是千载难逢的好机缘;供养僧众也是很难得的好念头。但是,其中若含有不清净、不平等的感情,那修行就不会有成就,也无法解脱六道尘缘的业网。学佛要学'清净平等'之心啊！"

燃烧的六根之火

有一次佛陀带领一千多位比丘出去游化,他们走到象头山。象头山留有佛陀许多的回忆,站在山上可以看到很远的景象,佛陀在那里向弟子们说:"从这里望去东北边遥远的地方就是伽耶城的城市街道,在东边有尼连禅河,更远处的地方就是我以前修行、静思、体悟人间宇宙真理的地方。"

佛陀又对弟子说:"从高处向下看——这山河大地,不论是城市、山林或世间万物,一切都在燃烧之中。"但是,弟子们看到的却是平静的境界,佛陀为什么说一切都在燃烧呢?

佛陀看到大家心中都有疑惑,就进一步解释说:"弟子啊!要用心听,清楚地分析——因为人的眼睛在燃烧、耳朵在燃烧、鼻在燃烧、舌在燃烧,甚至最重要的心也在燃烧,就是因为人有这五根,所以眼睛贪色,在色欲中使心不净、扰乱了心念;耳根听到声音即意乱情迷;鼻和舌贪著味与香,为了饮食和口欲的贪求,使心无法处在清净之境;最重要的是身体所感触的,一切生老病死之苦以外,还贪图享受,为了身体的触感享受而造了很多业。

这一切无不是从心起,内心有贪欲、瞋恨之火,愚痴之火在燃烧,贪、瞋、痴三毒从内心不断地煎熬,不断炽盛,以至于眼、耳、鼻、舌、身不断遭受折磨!人就是因为有这六根不断在燃烧,才使得所处的环境都不得平静;欲火、瞋火和愚痴之火,真的会破坏人的身心世界。"

佛陀总是不断地从境界中举实例教育弟子们。人确实是从五根来反应感受,而内心的感受往往不是贪就是瞋,不是瞋就是痴,才会使种种心理境界和方向有所偏差,像烈火般会毁灭一切。

目前的社会状况,打开报纸每天都让人担心,因为人的心火、瞋火常造成很多祸端。在报上有一则新闻,让人很惊心悲痛——在士林区有一个十一岁的少年,他唆使三个十四岁的青少年共同打死一位流浪汉。那位流浪汉喝酒之后和那位十一岁的少年起冲突,流浪汉用脚踢了少年一下;那孩子觉得被欺负了就去找平常不认真念书、会逃课的三个初中生,告诉他们,他被流浪汉欺负、殴打,心里很不满,希望他们为他出一口气。

这三个人觉得朋友被欺负了,于是四个人就一起去找,找到凌晨一点多才找到那个流浪汉,他还是喝得醉醺醺的。他们就近找了选举用的旗竿,一人拿一根,也有拿石头的,当头就打,当然流浪汉也有抵抗、挣扎,但是无法对抗四个人,最后醉汉被打倒、流了很多血死了。到了早上工人发现后报警,警方也很用心追究,后来有人说,有一位少年和他吵过架,他们就循着这条线索找到那几位平常爱逃课不念书的孩子,再由此找到肇事者,就这样破案了。

十一岁的小孩竟然是肇事的主犯!他和三个十四岁的小孩一起造成这么悲惨、残酷的案子,警方问他:"你后悔吗?"

他说:"后悔也已经来不及了。"

看到这种后果他也会怕,但事情已经发生了,那些学生的父母都很惊讶,不敢相信自己的孩子居然会打死人,这件事也让为人父母的感到很悲痛。

这是什么原因造成的呢?就是瞋怒之火加上愚痴之火所造成,是不健康的心理状态所引发的,所以佛陀说——人的眼睛在燃烧、耳朵在燃烧、鼻在燃烧、舌也在燃烧、心更在燃烧,这一切都足以毁掉人的身心世界,大家必须引以为鉴。

长者之子学佛记

佛陀在世时,在祇树给孤独园带领弟子们日日精进不懈。当时舍卫国的百姓对佛陀非常敬仰,对僧伽也很尊重,每天僧众出去托钵,队伍都很整齐,当地的人民都很恭敬地供养。

有些年轻人看了,心里很羡慕。其中有一位长者子心想:佛陀贵为王子,却能舍弃富贵出家、修行证果,得到天下人的仰慕尊重……他也希望能远离名利、学佛出家,因此就向父母提出要求,父母当然舍不得,但是他的父母也是佛教徒,最后还是送他到佛陀的面前,请求佛陀完成儿子的心愿。

佛陀即收下这名弟子,然后请长老比丘代为教导,长老比丘就将他们生活中的规律一一为他分析,教他要守戒——五戒、十戒,甚至要守二百五十戒……这位年轻比丘一听——竟然有那么多戒,心里很惶恐。他想:出家必须守这么多戒,一不小心就会犯了某一条,这么多戒,我一定守不好；既然守不好，我不如还俗好了，还俗可以做一位在家居士，不但可以经营事业、娶妻生子，又可以护持佛法！他心里打定主意，于是向长老比丘提出请求。

长老比丘听了觉得很不安，因为这位年轻人是佛陀亲自交给他们指导的，现在起了还俗之念，长老比丘着实为难。即向年轻的比丘说："你想还俗不是不可以，但是要向佛陀表明心意。"

几位长老比丘就陪他到佛陀面前，长老比丘一五一十地向佛陀说明，佛陀就问年轻人："你为何刚出家又想要还俗呢？"

年轻的比丘也很坦白地说："佛陀的教团里，大家都要守持净戒，但是这些戒律太多了，我怕守不好犯了戒，那就污染了僧团，这不是很罪过吗？所以我想还俗，将来也可以护持佛法呀！"

佛陀说："你听了这些出家人的戒律就退道心，那道心未免太浅薄了！"回过头又向长老比丘说："你们为何一下子就跟他说那么多戒律，让他害怕呢？要依人依时渐进才好，一下子把那么多戒加在他身上，太快了吧！把他交给我好了。"

年轻的比丘听了宽心许多，佛陀接着向他说："年轻人，修行不像你想的那么复杂，守规矩也不像你想的那么可怕！你先不用管那么多戒，我只要你守三项规戒。"

年轻的比丘听到只有三项，说："三项？那应该容易多了，我愿意守持。"

佛陀说："我只要你守好自己的身、口、意。这三业能够清净，则一切的戒都可以渐渐达成。"年轻的比丘听了非常欢喜，他向佛陀叩头礼拜，愿意终身信受奉行。

佛陀向长老比丘们说："我把愿意终身信受奉行的年轻人再交给你们调教，你们要好好培养他。"这位年轻的比丘，每天就这样守持进修，因三业清净，所以他天天都过得很愉快，不久之后即证得阿罗汉果！很多比丘都很赞叹佛陀的威德，因为佛陀简单的几句法语就能让一个人开解欢喜、坚持守戒！可以把很复杂的规则浓缩，让他一生守持清净！

简单就是美，简单就是妙法。学佛不用想得很复杂，若抱着单纯、简单的本性生活，则日常生活中还有什么做不到？还有什么不欢喜自在呢？

我每个月出门都会到台中去，每次到台中一定都会有几位小菩萨带着扑满来看我。其中有一位从两岁多开始至今已将近四岁,还未上幼稚园,很可爱,这回他来了,也照例抱着扑满来。看到我,他就顶礼,然后双手合掌说:"师公,这要给您盖医学院的,我天天都在您的相片前顶礼三拜,您有看到吗?我还跟您讲话,您有听到吗?"

我说:"你说了什么话?"

他说:"我向您发愿,希望自己天天:口要说好话、脚要走好路、手要做好事、心要想好意。我天天都这么跟您说哪!"听听,四岁还不到的小菩萨天天都这么发愿! 如果我们每个人都像这孩子一样天真、单纯,天天口说好话、脚走好路、心想好意,哪还有什么戒守不好呢?

外道教徒的问难

在佛陀成道初期,他不断到处教化,有一段时间来到舍卫城的郊外,在那儿建了一座简单的精舍。那时有些年轻人好乐佛法、前来听闻。

但也有一些外道教徒觉得:印度的传统宗教是婆罗门教,这是非常崇高的教派,全国的人都必须接受婆罗门教;现在忽然又多了一个佛教、又多了一位创教者——佛陀,实在让人无法接受。因此,有些人就抱着刁难的态度来试探。

因为外道教的人心中不服,所以常常提出一些问题来问难;那时,有一位年轻人就问佛陀:"佛陀啊!我要来精舍以前是循着一条固定的道路走过来的,我所学的是数学,教的也是数学,数学有一个规矩就是要按照一定的方法来推算。请问佛陀,您在教导弟子时是否也按照'道'的顺序?或者是按照您的规矩?"

佛陀回答:"年轻人,我在教导弟子时同样是顺着

'道'的顺序原则,而且也顺着'理'的规则;譬如说,我要驯服一匹马就要像驯马师一样,要将马训练得方向感正确,其他的动作才能再继续,这样马匹将来上路时,方向才会正确。"

那位年轻人再问道:"请问,您讲的涅槃境界那么好,可是确实有那么美的归宿吗?还有,跟随您出家、接受调教的弟子当中,有人曾证到那种境界吗?有没有受了调教后,却仍无法达到那种境界的人?"

佛陀回答:"涅槃的境界确实是有的,这是一种心灵寂静、身心解脱光明的境界;至于是否有人曾达到这种境界,我相信用功精进的人,一定可以达到,至于未曾达到这种境界的人当然也有,比如不用心、懈怠不精进的人,当然就无法达到呀!"

年轻人就说:"佛陀,您是人天的导师,为什么跟随您的人,有的会达到,有的却不能呢?"

佛陀就说:"年轻人,我问你,譬如有一个人来问你:往舍卫国的路怎么走?你指导他走向一条可以到达舍卫国的路,但是,这个人却因方向偏差而无法到达,那你怎么办?"

那位年轻人就说:"他来问路,我已尽心指示他方向以及该在哪里转弯等等,但他如在某地有了偏差,那是他自己不用心,我只是一个指导者,实在也无可奈何呀!"

佛陀说:"对呀!同样的道理,我只不过是一个指导者,是正道上的导师,是学佛者的指导人。我对弟子们也是尽心尽力地指导他们,至于弟子们是否能用心来听道,是否能力行于'道'的正确方向,那就要看他们自己的努力了。"

从这段故事来看,大家应该了解,教的人已经尽心了,那就要看学的人是否用心,这是彼此的互动关系。而且光是作为"经师"〔以学问教人〕还不够,更需要"人师"〔以身教教人〕,如果可以经师、人师兼具,这才是最好的教育家,若没办法当经师,人师仍是不可放弃的责任。

总之,在人群中才有烦恼可以让我们磨练,才有机会让我们学习拨开烦恼,自明心境。

是非止于智者

佛陀成道后,第一次度了五比丘,而后有五十位青年跟着耶舍来皈投于佛陀的座下,接着有三迦叶、舍利弗、目犍连等都带着他们的弟子来皈依,所以佛陀的僧团很快地增加到一千多人;你们若常读诵《阿弥陀经》就会念到《千二百五十人俱》这一句,这是经典中形容佛陀僧团的浩大。

当时,佛陀带着这群弟子游化在恒河两岸,到处弘法利生。有一次,佛陀和弟子们到了王舍城,佛陀将僧伽安顿在精舍里,白天他们仍过着和往常一样的生活,大清早就必须出外托钵。可是,比丘们托钵时,看到城里的人都在交头接耳、议论纷纷,到底在议论什么呢?

原来是怕佛陀和僧众进城;因而有这样的传言——佛陀所到的地方,许多很优秀、颇有成就的青年或中年人都会被佛陀引度出家。所以,有儿子的父母很害怕儿子会出家;妇女也很惶恐,害怕她们的丈夫会被引度、一去不回，这传言带给当地人一阵骚动不安。

因此，比丘们若要向年轻的妇女托钵，那些妇女就会赶快把门关上；有儿子的父母看到比丘来了，也赶紧关门避开，像这样的情形，在城里很普遍，一户传一户，真是人心惶惶。有一天早晨，比丘们要出门前就向佛陀提出这件事，报告他们在城内所遇到的情况。佛陀跟弟子们说："这些是非不会太久的，顶多七天就会过去了；只要我们行正、言正，言行合一，这种是非很快就会过去，不会超过七天。"比丘们听到佛陀这么说就很安心地继续去托钵。

经过了七天，大家看到佛陀庄严的相貌，又听到佛陀所说的真理——佛陀宣讲四众弟子的法门；有出家弟子的规则，也有在家弟子应该受持的规则，大家听了以后才知道信佛不一定要出家。在家修行不必守出家的规矩，因为在家居士有在家的规则，可以过"佛教家庭"的生活，也有适合在家居士的修持法门，所以大家就心安了。是非不但就此消除，而且人们对佛陀更加敬仰，对僧伽的供养也恢复了，在王舍城大家都很敬重三宝，并且确实奉行三宝的教法。

由这段经过可知，一般人都难免会有猜测的心理，很容易听信流言，这就是"是非"易行的原因。而佛陀只抱着"行正、言正、心正"的态度应对，他不动声色、随顺机缘教化，"是非"自然消除，也正是"是非止于智者"的证明。

现代的社会，人与人之间充满了猜疑、互相明争暗斗；而学佛必定要学习佛陀的精神，抱持心正、言正、行正的态度不必多管是非，同时也应学习当听到、看到、感觉到是非时就"到此为止"让它消除掉。唯有如此，生活才会快乐自在，而不会被卷入是非的漩涡中。

调御丈夫

佛陀的弟子们有来自各行各业的人。佛陀在舍卫国时,当地有一位很有才华的年轻人,年纪才二十出头,琴、棋、书、画样样精通,甚至连医学也很精深,但是,学得愈多他愈觉得不足,因此并不快乐,他发愿要把天下各种技艺都学会。

这位年轻人就到处去拜师参学,他什么都学,从穿衣开始学,乃至成为一位很好的裁缝师;饮食方面,他也成为很好的厨师,还有其他的技艺,别人不会的他也都会了,但是他仍然不知足、不快乐。

于是他又立志要游学于天下,去探究百工技艺。因此,他离开舍卫国到处去参学。

他看到有人在做弓箭,虽然看来很简单,不过制作的人手艺非常精巧优美,三两下就能把它弯成一把弓,而且每一支成品的尺寸大小都一样,他看了觉得这样的手艺自己也应该学会,有朝一日若有人来侵犯,自己也好有个防备。他很用心地学,没多久不但学得很精巧,而且手艺比师傅还要精美,于是就离开该处。

接着他看到有人在雕刻,一块木材可以雕上栩栩如生的龙凤,他觉得这也是很好的手艺,于是又潜心学习,过了一段时日,他已学会一手雕刻的好手艺。学成之后他又离开了,半路上看到有人在造船,他觉得自己陆上的谋生技能大都已经学会了,可是若需要渡过溪河呢?因此,他又拜师学造船,过了一段时间,造船的技术也学会了,前前后后总共游历了十六个国家,饱学了各项技艺。

回到舍卫国后,他生起贡高我慢之心,自认天下的百工技艺他已无所不能,所以他就贴出告示邀人来比赛,想藉此展现专长。佛陀知道了就来到这位年轻人的住处,年轻人远远地看到佛陀和几位弟子到来,心里觉得很奇怪,因为他看过各式各样的人,连国王也见过了,可是从来不曾见过如此装束的人,尤其是服装和圆顶的样子,心想:这到底是怎样的人呢?

他很好奇地走向佛陀,看到佛陀的庄严法相,内心很自然就被摄住了,不由自主地合掌走向佛陀并问:"请问您从何处来?不知您是什么身份?从事何种行业?"

佛陀回答:"普天之下,靠竹林的地方弓箭业自然兴盛;靠林区雕刻业繁荣;近海之地则造船业兴旺。而智者所从事的是调心调身的工艺。"

年轻人听了更觉得稀奇,天文地理、琴棋书画他样样都会,却不曾听过有什么调心、调身的工艺!要从何调起呢?他请问佛陀:"调心调身有几种方法呢?"

佛陀说:"比如:五戒、十善、六度、四谛或者是四禅、三解脱,这些都是调心调身的功夫。"

年轻人听了却不知道五戒十善是什么?四谛六度又是什么?何谓四禅?如何才能得三解脱门?他很好奇。

佛陀就很慈祥地说:"天下的米不是一个人吃得完的,天下的事也不是一个人做得完的,在人间一定要相辅相成,时时抱着感恩、回馈众生之心;若能时时感恩众生、感恩父母、感恩天地,你的心自然能够具足五戒十善,然后深入四谛的道理,力行菩萨六度发挥万行良能。"

年轻人听了,心境豁然明朗清净,似乎已进入三昧之中,那种境界真美,于是向佛陀请求皈依、出家。这位弟子很精进,没多久就证得阿罗汉果。

总之,天下的事不是一个人做得完的,世间的米也不是一个人吃得完的,所以我们一定要有感恩的心,感恩众生、感恩父母、感恩天地万物,若能如此,那我们的心时时都是好心,时时都是欢喜心,面对外境则不管是动或静,时时都是良辰美景啊!

丑公主的因缘

佛陀在世时，有一位圣君之女，这位公主有十二种丑陋之相，因此，年龄很大了还嫁不出去。女儿嫁不出去是很没面子的事，国王为此非常烦恼，当时门当户对的人家，都不愿娶她。

后来国王只好宣布：只要不是奴隶身份，而且家世清白的人即使家境贫穷，也愿意将公主嫁给他。

有一位外地来的年轻人，落魄地流浪到该地，不过，他出身望族，算是很适合的人选，而他也愿意娶丑陋的公主。

结婚之后，夫妇相处得很好，有一天，驸马提议要带公主回乡，国王很高兴，赠与许多珍宝财物，又派侍卫护送他们回去。这位驸马很风光地回到故乡，亲朋好友都来庆贺，觉得这是桩光耀门楣的姻缘，因此想要看看公主的风采。

但是，这位年轻人总是推三阻四，不敢让公主出来见人。后来亲友觉得奇怪,都议论纷纷:"为何公主不能出来见人呢?"

驸马虽然口头答应他们,但心想太太真的不能露面,怎么办呢?他把心事告诉公主,要求公主不要出去,并且把门锁起来,以免被人闯进去。

公主在房里每天都很伤心,揽镜自照更是烦恼。因此,一时想不开而上吊自杀。没想到绳子突然断了,想寻死都不成。

当时她百感交集,想自杀也无济于事,既对不起父母,也可能使丈夫惹来许多麻烦。她悲从心生,哭得很凄惨……此时,公主突然想到佛陀,便双手合掌,至诚恳切向佛陀居处的方向祈求。

也许是太专注了,她好像见到佛陀跟她说:"因果不爽,过去生你造福人群,欢喜布施,所以今世生于王家,享受丰富的物质。但是,也因为你脾气暴躁,动不动就鞭打奴婢或怒目以对,因此招来丑陋之报;大家见了你就会害怕。总之,福与祸都是自己造的,现在要赶快从心忏悔,好好观想佛的相好庄严,观想众生的苦,并培养慈心,发挥爱的功能,这样自然能解决你的难题。"

公主听了佛陀的话之后,即用心观想佛陀慈祥的面容,以及用慈心对待众生的言行。

那时,驸马被人灌醉,大家想看看公主的长相如何?就从驸马的口袋中找出钥匙,进入他家想看看新娘的庐山真面目。

门一开,大家从侧面看到公主非常端正庄严,于是大家心服口服,也满足了好奇心。他们回去叫醒驸马,祝贺说:"恭喜你呀!你不只当上了国王的女婿,连夫人也如此美貌!"

驸马听了一头雾水,心想:明明公主那么丑,怎么他们都说很美呢?他赶快回去看个究竟。

公主的容貌虽然没变,但是气质高雅,态度谦和,给人一种很亲切、很投缘的感觉,简直判若两人;这大概就是所谓的"相由心生"吧!

清净之爱

有一天早晨,佛陀的僧团三五成群,正在谈论前一天在外面所听到的消息,佛陀走出来时,问道:"你们三五成群在说些什么?"其中一位弟子说:"在城里发生一件很感人的事情。"

佛陀说:"说给我听听吧!到底是什么事?"

弟子就说:"在山林里,常有人遇到强盗;几天前,有人从那里经过又遇到三个强盗出来抢劫,那群人看到强盗出现就合力反抗,强盗无法得逞逃跑了,那群人一直追到树林里,忽然不见强盗的踪影,只看到三个农夫在那儿做事。他们怀疑强盗为了要避开他们的追赶而假扮成农夫,所以,就把那三个农夫当成贼捉起来,不管他们三人如何辩解,还是把他们捉去见国王了。"

那三个人被抓没多久,有一个女人随后哭哭啼啼地要去见他们,侍卫不让她进去,把她推开;此后,接连几天那个女人都在宫外哭叫着:"请给我一个遮身的东西,请给我一个遮身的东西！"她很凄惨地哭叫着,希望人家给她一个可以遮身之物。

国王在宫内听到,就说:"那女人又再叫了,你们就拿一块布给她作遮身之物吧！"

侍卫遵命拿了一块布要给她,那女人却说:"我要的遮身之物不是这块布。"

侍卫又将那块布送还给国王,对国王说:"那女人说她不需要这块布。"

国王奇怪地说:"她不要这块布,那为什么还在外面一直叫呢？你去叫她进来。"

那女人见到了国王,国王问她:"你要的遮身之物应该是布呀！我送给你一块布,你为什么不要呢？到底你要用什么来遮身呢？"

那女人回答说:"丈夫就是女人的遮身之物,一个女人若没有丈夫,就像赤裸着身躯一样;哪怕是穿金戴银,也像一个裸体的人一样、一无所有呀！"

国王又问:"你的丈夫呢？"

那女人说:"我的丈夫几天前被人当作强盗捉来国王这儿;他是冤枉的,我们是安分守己、以农为业的良民,却无端被当作贼,扣押在这里。"

国王说:"几天前被捉来的有三人,这三人当中,哪一个是你的丈夫?除了你的丈夫以外,其他的人是谁?"

那女人说:"一个是我的丈夫,一个是我的儿子,另一个是我的兄弟。"

国王就说:"好吧!这三人中让你挑一个。"

那女人无奈地说:"那就还我兄弟吧!"

国王说:"奇怪呀!你刚才口口声声说,女人如果没丈夫,哪怕是穿金戴银都像一个裸体的女人,现在三个人给你挑,你为什么选兄弟呢?丈夫不是比较重要吗?"

那女人感伤地说:"是呀!一个女人的一生是必须依靠丈夫,没有丈夫的女人真的非常可怜。可是现在三个人要让我挑,这真的很难抉择。我想:只要我的生命存在,在不得已的情况下,也许还可以再嫁。但是,兄弟是我父母的爱子,而他们已经往生了,留下的就是我的兄弟,为了报答父母的这分恩情,所以选择我的兄弟;我知道身为父母对孩子的那分心,因为我自己的孩子也被捉到国王这里,我的心也很伤痛!虽然父母已往生,但是这分关怀应该是生生世世的,为了报答父母恩,所以我必须珍惜兄弟之情,因此只好忍痛割舍丈夫与孩子,先救我的兄弟。"

国王听了很感动,觉得她的"情"很超越,而且也找不到犯案的证据,所以就将他们三个人都释放出去。这个消息传遍了整座城,比丘们听到这件事也觉得很感动,纷纷在那儿讨论,佛陀才会问起这件事。

佛陀听完后说:"这个女人真是了不起,多数的人都为'情'所迷、被情所困,而这个女人为了体念父母的心,竟能将她一生最需要依靠的——丈夫和孩子的情割舍掉,这分体谅父母的心就是'孝',知道要救兄弟,这就是超越的'情',她确实很了不起,也因为有这分清净的情,所以才会感动了国王,因此兄弟、丈夫和孩子都被释放了。这就是说'情'若很清净,打破私我的范围,这分超越的感情就能感动人。"

佛陀将这个故事作了一番分析。而世间之人确实多数都只顾自己,嫁出去就是别人的,跟兄弟之间就疏远了。女人的生活最切身的就是丈夫和孩子,这就是私情。两千多年前的社会,竟然也有这种天性之清流,这多么值得让人敬重。

所谓"一切唯心造",私情从心而起,而觉悟之情也是从心起。佛陀的教育无非是要我们将一层一层的感情,用冷静的心将之厘清,然后升华私情、亲情,进而达到"觉有情"的境界。

我们今天学佛,就是要学得将普天下的老者当作我们的父母,年龄相仿的当作兄弟姊妹,而年少的便当成自己的孩子一样看待,这就是菩萨的长情大爱啊!

二十亿比丘

佛陀在世时有一位弟子,未出家前是一望族中非常有名的长者之子,因好乐佛法而出家。他很有抱负,认为佛陀的弟子中有那么多人闻法开解,很快地证到罗汉果位,而他是高贵族姓的子弟,又自认很有慧根,所以自信满满,以为自己一定很快能开解,于是急着要在他人之前体悟证果。

他心愈急,烦恼愈多,一段时间过后竟毫无进展;他不知道佛法要从哪里入手,不知心和法要如何相应,因此心里很失望。

尤其当他一想到:既然不能与法会证,那么出家有什么用呢?倒不如在家当居士,还能拥护佛法!

他起了这个念头,佛陀知道了,就请身边的比丘把这位弟子——二十亿找来。

二十亿比丘来到佛陀面前,心里又感激又惭愧。感激的是,佛陀能够知道他的心意,又如此关心他;忏悔的是,既入佛门却无法早日证果、回报佛恩。

佛陀知道他的心意,很慈祥地告诉他:"二十亿!你在家时,环境那么好,相信你学问一定很精深,至于娱乐的乐器,你也很精通,在多种乐器中,琴你有兴趣吧!"

二十亿说:"不只有兴趣,我以前常常抚琴作乐呢!"

佛陀说:"乐器的原理你知道,琴是靠弦线的弹奏才有声音,若是把弦调得很紧,能够弹得出声音吗?"

二十亿回答:"弦线不能调太紧,太紧弹出来的声音不好听,而且很容易断线。"

佛陀又问:"若把琴弦调得很松呢?"

二十亿说:"太松也不行,因为弹不出声音呀!"

佛陀告诉二十亿比丘:"你现在的心就像绞太紧的琴弦一样,弹不出好乐音而且又快断了线一般;琴弦应调得松紧恰恰好,这和修行的心一样,若过度精进,心太急则容易有法的执著,这是很危险的事哦!修行不能放逸,懈怠放逸即堕落,但是也不能执著于法呀!应抱着平常心、平等心自然地精进,也就是让本性回归自然,于日常生活中注意照顾好六根门即可。"

二十亿问道:"佛陀,六根门到底是指什么呢?"

佛陀回答:"是眼、耳、鼻、舌、身、意六根,六根门守得好即无烦恼,烦恼不侵,心回归自然即容易回归本性。"

佛陀就是这样教导弟子,对于懈怠的弟子即鞭策他;对于太过精进的人则加以调和。

六根门确实很重要,一般人均以肉眼看世事,因此很容易被物欲所迷,修行人应打开心眼、闭起肉眼,所见的一切自然清净自在。

佛陀与外教徒

佛世时,有一位婆罗门教徒心想:佛陀在给孤独园说法,我应该赶快去请教这位大家尊重的圣者,起了这一念,他立即行动,到佛陀所住的精舍去。

看到佛陀,他非常恭敬地膜拜顶礼,问道:"佛陀!我不是您的弟子,是一位异教徒,不过,我很尊敬、仰慕您,我在婆罗门教中学习几十年的教义,但仍无法解开心结,觉得人生仍陷于矛盾之中。我心中的问题可否请佛陀指引迷津?"

佛陀慈祥地说:"可以呀!你虽然是婆罗门教徒,但众生平等,真理是共通的,你尽量问吧!"

婆罗门教徒说:"佛陀,平时我自以为很有智慧,看人、看事、看物都可以分别得很清楚,那时我可以滔滔不绝地辩论,分析道理也让人肯定。但是,有时心念起伏不定,当烦恼一来,所见、所思、所感就无法厘清,无法滔滔不绝地宣讲,为此心里非常懊恼。为什么明朗的智慧不能一直源源不绝地延续呢？为什么心念会起伏不定呢？"

佛陀回答："你看这盆水，如果你把色料放进去，红的、绿的、蓝的，染色之后，你能否从水中映照出自己的脸？"

婆罗门徒说："不可能，水既然染色了，如何能让我看到自己的脸？"

佛陀又说："这盆水若放在火炉上加热，沸腾时，你若探头看看，是否能照出你的脸？"

婆罗门徒说："那更不可能呀！沸腾时水在滚动，而且水汽一直往上冒，怎能看见自己的脸呢？"

佛陀接着说："又如池中之水，虽然静止，但里面若有许多青苔浮物，如果你再探头看，能否照出自己的脸？"

婆罗门教徒说："这也不可能呀！虽然池水静止，但是杂物太多，连水面都看不清楚了，怎能照出脸的轮廓？"

佛陀至此才说："对！道理一样，清净静止的水就像一面镜子，可以照出人的脸形，五官七孔都能看得清清楚楚，旁边的景物也会映入水中，因为它很静、很清澈！人的心也是一样，当心中无欲、无烦恼时，清净自性就会现前；所以，你所见所分析的都很正确，因此'从心出口'所讲的都有道理,而觉得自己辩才无碍;但当心中有欲念烦恼得失时,就像在水中加了色料,既有染欲妄念等烦恼无明,当然看不到本来面目啊!又或心中看似静止,若烦恼根仍在,就像池中还有浮萍遮盖,当然也是看不清外境啊!"

"一点点的烦恼,就像无明火一样,当'色'欲燃烧起来时,'心水'便沸腾冒烟,怎能看清自己本来的面目呢?"

婆罗门教徒终于了解了——最重要的是:心念静止清净,如此才会明朗!而欲念像混浊的色彩,烦恼就像火一般,所以,应该洗涤无明、远离烦恼欲念,才能使清净的智慧展现出来。

悲智双运的智者

禅宗有一个公案故事——有一位老禅师在深山的草棚里修行,在一个中秋节的夜晚,他静静地坐着念佛,突然来了一个小偷,翻箱倒柜找遍了所有的地方、到处弄得乱七八糟,却只看到两个银币,他就"顺手牵羊",拿了之后就想从窗子跳出去。

老禅师明知有小偷进来翻箱倒柜,还是如如不动,正当小偷要从窗子跳出去时,老禅师就出声音了:"小哥、小哥,你为何不从门口出去?怎能从错的地方来又从错的地方去呢?要光明正大,从正确的地方出去啊!"

小偷乍然听到这些话,大吃一惊,回头看到老禅师非常平静又很诚恳的样子,小偷才定下心来。当他要开门出去时,老禅师又说:"小哥,你拿了人家的东西应该要说声'谢谢'啊!"

那小偷听了心里又一震,贪念顿时扫除,赶紧回到老禅师的跟前叩头忏悔。老禅师说:"同样的东西,你用偷的有一个贼名;我用送的则对你有一分恩德;不要认为这是你的本领,要知道这是人家的恩惠啊!"

老禅师用这种方法教育对方,从此他再也不当小偷了。后来这位小偷抱着感恩心很努力地工作,事业有成后还成为一位大护法。

在阿拉伯也有类似的故事,有一位生意人,他有一匹很好的马,一天当中,这匹马可以来回跑上千里,是最好的交通工具,因此主人非常爱护它。另外还有一位乙生意人,他每天赶着一群骆驼到各处载运货物,他看到甲生意人骑着马,一天之内就可来回运送货物,心里非常羡慕。

有一天,乙生意人向甲生意人说:"我想用这群骆驼来跟你换这匹马。"

马的主人说:"我绝对不换!"

乙生意人说:"只要你给我这匹马,要什么我都可以给你。"

甲生意人说:"不管你怎么说,只要我还有这条命在,绝对不愿舍掉这匹马,因为它是我生活中最好的伴侣,所以不能跟你换。"

但是,乙生意人实在很喜欢这匹马,他知道甲生意人很有爱心,有一天,他就故意穿得破破烂烂,装病倒在甲商人要经过的路旁。甲生意人看到有人倒在路边,赶紧下马。一看,原来是乙生意人,看他好像得了重病的样子,甲生意人立即费了很大的力气,把乙生意人扶上马背,要送他去看医生。

乙生意人看计谋已得逞,立刻恢复原状说:"平常我想尽办法、用尽各种物质要跟你换马,你都不肯割爱,现在我已骑在马上,这匹马就是我的,所以我要骑走了。"

甲生意人很平静地说:"既然你已骑在马上,马算是你的,不过请你听我几句话,而且要好好记得。"

乙生意人说:"只要马是我的,听再多的话我都愿意。"

甲生意人说:"请谨记在心,以后如果有人问你用什么方法得到这匹马,你一定不能说。"

乙生意人问:"为什么呢?"甲回答说:"你如果说了,以后若有人生病倒在路边,就没有人敢再搭救了,为了防止这种情形发生,你一定不能说,好让人人保有这分善念。"乙商人听了,感到很惭愧、也很忏悔,他赶紧下马来,说:"我一念之差,扭曲了人性之善,我很忏悔,马还是属于你的,还给你吧!"

这就是慈悲和智慧的教育,其实人的心都有善良的一面!只是有时会经不起外境的引诱而犯错。我们若用平静的心,以智慧来开导他,对方善良的本性仍会复活。最重要的是:我们要常常培养欢喜心,以理智和感恩之心待人,如此人生就会过得很快乐幸福。

农夫寻牛记

佛陀曾说:"产业为五家共有。""有"家产则怕五件事:第一怕恶王污吏;第二怕强盗;第三怕不肖子孙;第四怕水;第五怕火。因为这些都可能会消耗既有的财产。这就是"有"的烦恼,佛陀在世时曾如此说,可见当时的人,也有这些得失的烦恼。

佛陀在竹林精舍时,精舍附近有一座农庄,农庄里的主人,除了耕田之外还牧牛。有一天,这户农家的母牛生了小牛,小牛生下来才几天,母牛就带它出去吃草,可是稍一不留意,小牛走失了……

主人看到母牛焦急地呼叫,他也很焦急,赶紧去找小牛。可是一天过了又一天,他从早找到晚,整整经过六天还是不知道小牛跑到哪里去。他不断地找,找得疲倦不堪。正烦恼时,恰好佛陀离开竹林精舍要到村外托钵,他看到疲倦已极的农夫。

佛陀慈悲地问他:"你为何这么疲惫呢?"

他说:"唉呀!我现在很烦恼!"

佛陀问他:"烦恼什么啊?"

他说:"我的烦恼您无法体会!"

佛陀又说:"你讲出来吧!将烦恼讲出来至少会比较轻松啊!"

农夫就说:"我的烦恼是走失了一条小牛。"

佛陀说:"走失一条小牛为何需要如此烦恼呢?"

农夫说:"我就说嘛!您无法体会我的烦恼,因为您出家了没有挂碍啊!"

佛陀又说:"你平常还会烦恼些什么?你的烦恼我一时无法体会,不过你可以讲一讲为什么为了一条小牛,会带来这么大的烦恼,说出来消消气吧!"

农夫心想反正也走得累了,就当作休息来诉诉烦恼也好。他说:"每当我遇到烦恼时,看到佛陀和僧众出来托钵——过着那么悠闲的日子,我就非常羡慕。"

佛陀说:"这跟我们清闲的日子有什么关联呢?"

他说:"有啊!您看!走失了一条牛,我担心这会影响我的耕作,此外还要担心家人的生活。我家里有七个儿子、七个女儿、一位老婆,全家共有十六人。有时收成不好,回家就会听到十四个孩子向我喊肚子饿,老婆也吵着没有米下锅、没有钱可用……我要担心的事如此多!而您们出家人,不用担心田里是否有水?会不会下雨?也不用担心家里的小孩;不用担心老婆吵着要钱,我真的很羡慕。"

佛陀说:"听起来确实如此——我没有牛可走失;也不用担心家里有七个儿子、七个女儿嗷嗷待哺;我远离家庭,没有家人来干扰,这样确实会使我们的烦恼减轻。这分轻安自在,是我们'自断自离'所得的;而你所有的烦恼却是自找的、是自己延续的烦恼。不过你的烦恼只不过是一条牛、一片田地、一个家庭。你可知道,我也有烦恼?我的烦恼是普天下的大家庭;我所耕作是普天下的众生心;所拥有的牛是耕心地的牛。我要让牛肥壮、让田地丰饶,要让普天下的众生得以平安。试想,是你的烦恼大?还是我的烦恼大呢?"

农夫听了,想想说:"嗯!确实我的烦恼比较小,比起您的负担我的烦恼不算什么!"

佛陀又说:"对!你的烦恼比起我来算什么呢?不过我的烦恼'有'与'无'是一样的,因为我容纳于天下,天下容纳于我。空即是妙,妙即是空啊!"

这位农夫顿时恍然大悟,说:"走失一条小牛算什么呢?我现在所得到的妙法才是真妙啊!"

凡夫的"有"是烦恼,"无"也是烦恼。家业多烦恼即多;家业少烦恼则少!而天地非常公平,"无"的时候,往往让我们日常生活平平安安、健健康康"好过日"。"有"的时候,因为贪爱享受便多了一些"有"的烦恼,人生原本就是如此公平!

敬真老和尚

民国前，大陆嵩阳山有一座古寺，里面住着一位九十九岁的老和尚，他于十二月三十日晚上安然坐化，也就是圆寂了。往生之前他写了遗嘱交代徒弟要把他的肉身，完完整整地送进岩洞里。他的弟子依言照办，把师父的遗体送进岩洞中。

据说，大陆"文革"期间，破坏一切的传统文化，不但把寺院摧毁了，甚至老和尚的岩洞也被挖开，当他们发现龛中端坐一位容颜如生的老和尚时，非常吃惊，赶紧又把岩洞封起来，不敢加以毁伤。

传说中，这位老和尚法号敬真法师，他生于惠安县嵩阳山下的一个乡村，在十二岁那年，村中流行瘟疫，当时他的父母不幸因病双亡，留下他孤苦无依，家境原已贫困，突然又失去双亲，这可怜的孩子顿时变成贫苦的流浪儿。

有一天他在镇上流浪，被一家孤儿院所收容，在那里他受到疼爱照顾,直到十八岁时已长得颇为健壮。那时他觉得人生苦多乐少,生命无常危脆,他是一位深具慧根的有志青年,透视世相后决心出家修行。

于是,他到开元寺出家,经过四年受具足戒,然后回到嵩阳山古寺精进修持,精勤礼佛,而且研读经典,深入经藏。那时,嵩阳山附近的村人纷纷放弃耕作,到山上砍柴打猎,他觉得很奇怪,"为何大家要弃农,从事打猎、砍柴的工作,不但破坏森林生态还造杀业呢?"他很用心去了解评估,发现原来土壤干旱缺水不能耕作,大家无法生活,只得上山打猎维生。

年轻的法师慎思后决定用"双管齐下"的方式,一方面教育村人,敬信佛法、重视因果,认识"生命平等"的观念,使他们知道应尊重生命,并加以保护。他苦口婆心,花费很多心力和时间,以种种譬喻来教化村人,除了发自内心的悲愿也为了护生,希望减少大家造恶业的因缘。

另一方面,他开始劝募筹资,计划引入山泉,做成水坝,如此即可开山沟把水引到山下的农田,使耕作恢复。由于他的用心良苦和诚恳,使得许多村民非常感动。于是纷纷依从法师的意见,停止砍柴打猎,并且通力合作,开沟筑坝,经过一段时间的努力,终于顺利把水引入农田。

经过一两年之后,村人都恢复农耕,而且收获丰富。从此,山上的生活又归于平静,所有的林间生态也得以休养生息、恢复原貌。大家都非常感恩,这一切成果完全出自一个人虔诚的心;因为他的耐心、恒心,进而影响带动许多人,使大家生活改善,连带也让飞禽走兽得以安宁,这就是敬真和尚付出爱心、耐心的成果。他不惜劳苦,以体力、心力不断地为人群付出,终于在九十九岁时安详坐化而肉身不坏,几十年后被发现时,仍旧栩栩如生。

敬真和尚和我们一样要生活,但他有超人的毅力。这是出于一片真心,加上自身的耐心、恒心行事,从二十几岁直到九十多岁往生才停止身心的劳动,这就是精进不退呀!我相信,敬真和尚这段生命结束后,一定很快会再回来,因为他精进不退的耐心,既有这分耐心毅力,他一定会"早去早回",再来人间带动更多人迈向菩萨道,这一切都缘于诚心愿力啊!

米老大的故事

据说，在安徽省的一个乡村，有一个小孩出生不久，父母即亡故；因此，他在非常贫困的环境中长大，那种环境，连生活都很难维持，更不可能有余力读书，所以他不识字，也没有人理会他姓什么、叫什么名字。

他天天为了三餐而努力工作，每次找工作，他就告诉雇主说："我只要有米吃就好了！"因此大家就给了他一个外号叫"米老大"。

岁月不留人，他从少年渐入中年，结婚生子后，还是天天为三餐的米粮而奔忙劳苦。他家住在山边，所以，经常砍柴去卖，这是他换取米粮的生计来源。

米老大非常老实，他根本就不知道什么是计较，他砍的柴都很干，品质又好，因此，许多人都喜欢买他的柴。有一天，他砍好了柴后就要送往城里卖，路上遇到一位很有钱却极悭吝的人，他知道米老大的柴又干又好，于是在半路上拦住他说："我要买你的柴。"

米老大很高兴,但贪小利的富人说:"等一下,我们先来讲价;你这一担柴要卖多少?"

他说:"以前像这样的一担木柴,大家都给我三百文钱。"

富人说:"我家很近,你少走一段路、少费力气,我看一百文钱吧!"

米老大用手数一数,三跟一差太多,这样不够买米,富人又说:"那就两百文钱好了!"

米老大算一算,觉得还是不够买米,就说:"不卖好了,我还是多走一点路!"

富人又说:"哎呀!不要走那么远了,二百五十文钱卖给我吧!"

米老大想,再拖下去也浪费时间,就说:"好啦!好啦!卖给你了!"

富人见他老实,要求他帮忙把柴担到家里,堆好柴之后,又问:"你到底叫什么名字?"

米老大老实地说:"我没有名字呀!"

悭贪的富人因为没讨到多少便宜,心里有气,便说:"你没有名字那多奇怪呀!我帮你取个名字吧!"

米老大说:"那很好呀!活了一大把年纪总算有人替我取个名字,真谢谢你。"

富人说:"我帮你取名叫——米田共。"

米老大说:"嗯!听起来不错,别人一向都叫我米老大,现在换成米田共,那很好呀!太好了!"

悭贪者又故意问:"米田共!你有几位令尊呢?"

米老大说:"什么是令尊?"

富人欺侮他不识字,故意整他说:"令尊就是你的孩子。"

他恍然大悟说:"哦!令尊就是我的孩子,我来数数看,嗯!我总共有十个令尊。"

米老大是个热情的人,于是反问道:"那请问你有几个令尊?"

富人一听,脸色变道:"笑话,你怎么问我有几个令尊?我的令尊已经死了。"

米老大说:"喔!好可怜哦!你的令尊都死了,我有那么多儿子,干脆送一两个给你当令尊好了。"

富人一听非常生气:"岂有此理,你竟然要把孩子让我当令尊。"

米老大看他那么的生气，非常奇怪，说："你买我的柴，又帮我取名字；而我好意要把儿子给你当令尊，你为什么动气，你的样子真像要把我这个米田共给'吃'了！"

米田共是什么？就是"粪"*啊！富人气得拿起棍子要打他，米老大更觉得奇怪了，心想：这个人到底怎么了？没事发这么大的脾气，算了，不理他！米老大拿起扁担逍遥自在地回家去了。

没有心机的人，人家骂他，他也不知道；骂他是"粪"，他心里还非常感恩，讥讽他有好多个"令尊"，他也不知不觉，还好意要把孩子送给对方当令尊。人家要占他便宜，他却一点也没吃亏，这也是一门哲学——愚人哲学，人生的"愚人哲学"我们应该学呀！

---

* 粪的繁体字为"糞"。——简体字版编者注。

农夫与锄头

有一位农夫拿着锄头耕种,他日复一日、年复一年,一直非常努力地垦植,所以收获也很丰富。有一天,他心想:我每天这样耕种实在没什么乐趣,人生到底何去何从呢?

不久之后,有一位修行人向他化缘,他看到这位修行人来去自如、逍遥自在,心里也起了想要修行的念头。回家之后,他下了决心要放下一切,像那位出家人一样过着"一钵千家饭,孤僧万里游"的日子。

走出家门,他突然觉得两手空空的很不习惯,因为,每天他都带着锄头出门,现在要放下一切,却觉得若有所失。于是,他又进去,拿起锄头左看右瞧,从头摸到尾,依依难舍,这把锄头是他天天使用的,所以锄柄早已被触摸得闪闪发亮,要舍弃它,真是舍不得,他站起来又蹲下,抚摸再三。

他想:好吧!把它收起来!然后他就把锄头擦干净,

又用布一层层地包扎起来,放在很妥当的地方;此时,他觉得比较心安,就出门去了。

这位农夫出家后,心志坚定也很精进;但是,每次看到外面绿油油的草地,就不由自主地想起那把锄头,常常无法自制地又跑回家去看那把锄头,打开一层层的布,摸摸它,然后再包好回寺里。

经过七八年的修行生涯,他想:为什么这些年来,我认真修行却无所得呢?仔细反省之后才发现,原来还有一样放不下!他下定决心,要了断这分执著。

他又回家去,把锄头拿出来,走到一个非常大的湖边,他用力转了好几圈,然后猛力一抛把锄头丢入湖中,"澎"一声巨响,他心中的重担也像大石块掉落般。"我成功了!我战胜了!"他不禁高声地喊!他的声音回荡于空中。

此时,正好有一位国王经过,他带领大军战胜而归。远远地,国王就听到有人喊:"我战胜了!我成功了!"

国王骑在马上,远远地看到那个人欢喜异常的样子,立刻趋前问道:"你战胜了什么,为何这么欢喜?"

修行人说:"我向自己内心的心魔挑战,我已经战胜了,我的执著已完全舍离。"

国王看到他那么欢喜,是真正打从心里的解脱、自在、欢喜,回头想想自己:我有这么大的力量,带领千军万马去打仗,虽然战胜了,但是我得到心安了吗?心里快乐吗?他发觉自己不如那位修行人,虽然占领了别人的国土,但这只是表面的胜利……

因此,国王对修行人敬佩万分,他认为能战胜心魔,才是真正的圣人,而战胜敌军却只是凡人。由此可知,从内心断除烦恼非常重要。平常我们都会说:"放下!看开吧!"这些话很容易说,但是,要做到谈何容易呢?也因为不容易,所以称之为"修行",修行就是要捐舍己见,若时时执著己见,便常会恼乱自他,这就是无明产生的障碍呀!

无明烦恼让人无法脱离六道轮回,它像一条绳子错综复杂地打了许多结。如何才能解脱?那就是要捐舍己见,舍去执著。像那位农夫,天天拿的锄头就让他难分难舍,七八年的修行生活,虽然锄头没有拿在手上,却仍放在他的心中,直到把它抛到远远的湖心,他才真正放下了。

护生的故事

民国初年,福建省漳州南山紫云寺有位妙莲老和尚,八十多岁了身体仍然很健康,常常以深入浅出的佛法教育当地居民慈悲、戒杀及因果报应的道理;不管男女老少,听到他的开示都能衷心信服。紫云寺每逢初一、十五都会举行三天法会,由妙莲老和尚开示;每月到了这几天,寺内总是人山人海,大家都想来听老和尚开示。

老和尚每日凌晨必须独自攀山越岭,绕紫云岩一周,风雨不辍,霜雾不停。有一天,他在距离紫云岩数百步的草丛中,发现一条长二尺许的病蛇,首尾都负伤,血渍污臭,已奄奄一息。

老和尚慈悲为怀,决定为蛇疗伤。他找来几种药草,捣烂后敷在蛇的头部及尾巴上,处理妥当后,才回到寺里。隔天,老和尚再去探视那条蛇时,它已经不见了。

半个月后寺里举行法会,老和尚正在说法时,忽然有一条蛇爬进寺里,信众虽然害怕,但没有人伤害它。老和尚认出它就是半个月前自己救的那条蛇,就说:"大家不用怕,让它进来吧!"

这条蛇的伤已经完全好了,它一直爬到老和尚面前,然后乖乖的盘起身子,抬起头来,满怀感恩地注视着老和尚。

老和尚的开示,这条蛇似乎也听得懂;法会结束后,它就爬出去了。往后,每逢寺里举行法会,它都按时来听老和尚开示,只要听到"戒杀"的道理,就会有肃然领悟的神情。如此经过年余,这条蛇已长及三尺许,寺内僧众、信众都称它为"紫云岩灵蛇"。

某年,当地突然流行一种传染病,很多人因干渴高烧、药石罔效而死。大家束手无策,既伤心又惊慌,眼睁睁地看着许多人丧命。

老和尚常常带着弟子们去探望病人,但是也没有办法治好他们的病。有一天,老和尚发现灵蛇咬了许多药草,堆在紫云岩侧;灵蛇看到老和尚来了,就抬头看着他,好像要说什么话似的。老和尚仔细审视那些药草,发现都具有解毒退火的功能;他灵机一动,把这些药草全部分送给病人,病人煎熬服用后立即药到病除。

之后,老和尚再采集相同的药草捣烂风干制成片状,成为漳州盛行的名药——"片仔癀",俗称为"和尚药",不知救治了多少人!

妙莲老和尚爱护一切众生,不但关心人类,对虫鱼鸟兽也爱护有加。当初若不是他仁心为怀救助那条蛇,感动了它的心,怎会有后来的"片子癀"来救治那么多人的性命呢?

众生皆具佛性,同样具足大爱,那条灵蛇就是最好的例子。希望大家除了爱人类之外,也爱护一切生灵,即使如虫蚁一般微小的生命,我们也要尊重。

慈悲护生招得福缘,残害生灵苦果难免,请大家要时时刻刻多用心啊!

迷失的孩子

佛陀在《法华经·信解品》中,有一段讲到长者在外流浪的故事——这位长者为了找孩子,亲自离家到各处去找。迷失的孩子在外过了几十年,受尽生活的折磨。

有一天,长者看出一位乞丐就是他失踪的孩子,他心里着急,怕孩子又走失了,于是派人在后面拼命追,乞丐看到有人追他,吓得拼命跑。好不容易追到了,使者硬要拉他回去。乞丐以为是官府的人要抓他去治罪,他大声喊着:"我没做错事,也没偷东西,为什么要抓我?"

尽管乞丐拼命抗拒,但是,长者派的使者还是硬拖硬拉地把他抓回去,带到长者面前时,他已经吓得魂飞魄散晕过去了。长者只好派人用水将他浇醒,然后无可奈何地放他走了。

离去时,长者又派人跟踪他,看他过什么日子。后来,长者故意换掉华丽的衣服,把脸和衣服涂得脏兮兮,还拿着扫帚和畚箕,跟在乞丐的后面,很有耐心地亲近他。熟悉之后，长者就告诉他："你这样每天辛苦地乞食，有一餐、没一餐的，干脆到我家工作，如果愿意来，你就不用去乞食了，在我家有得吃，有得住，很安稳。"乞丐一听非常高兴地接受了。

于是，长者分派工作给他，他每天都做得很高兴，不管工作粗重或繁多，他都抱着欢喜心，不断地付出。

经过一段很长的时间，长者已年老，年近命终之时，他看到自己的孩子已渐渐对人生有所抱负，于是向大家宣布乞儿原本就是他的亲生子，又说将来所有的财产和奴婢都归于他的孩子所有。

当乞儿听到这些话后，如雷贯耳，如梦初醒，他讶异道："我原本一无所有，怎么会一下子得到这么多？"

其实，他本来就是富家之子，家财万贯，只因一时贪玩而迷失流浪在外，才会过着艰苦的生活。

长者子长年来不知父亲的一片苦心，这和我们迷失的心又有什么差别呢？每一个人都有如佛一样的清净本性，有崇高的良知、智慧，而许多人却甘愿落在凡夫的境界，大家不可妄自菲薄啊！

孙陀利的业果

　　一般人的眼睛总是很容易看到别人的过错,比如:他爱发脾气、面有愠色,耳朵听到的总是别人不好的声音;比如:他讲话粗鲁、出口伤人,因此常常会跟别人计较。如果我们能够将自己的眼光收回,反观自己、反观自性;耳朵也谛听自己的心声,那又是如何呢?

　　我们的心念若稍微没照顾好就发于行动,往往会成为生生世世的障碍与负担,即使是佛陀也是一样。佛陀在世时也曾遇到许多困难,其中有一件事让佛陀永远难忘,那就是:孙陀利毁谤佛陀的事件。

　　孙陀利是一位生活在风月场所的女人,她听说有许多人都跟随佛陀出家,这些人当中甚至有她以前所爱、所依靠的人。因此,她对于佛陀领导僧众修行非常不满;又因为宗教是相对的,佛教兴盛即是异教衰微之时,所以,有些外道教徒也一直想尽办法要灭掉僧团。在此种情况下,外道教徒就想利用她的美色去诱惑僧团中的比丘。

每位比丘都是严持戒律的人，在佛陀悲智双运的教育下，没有人逾越规矩。虽然孙陀利用尽妖艳的姿态，却无法动摇这些出家人的心。后来，她想到一种非常恶毒的办法——伪装自己怀孕，而且到处去哭诉，告诉别人她肚子里的孩子是佛陀僧团中的比丘对她侮辱所造成的。她散布谣言，欲让世人误以为僧团是多么的不清净。谣言一直传至城市，甚至传入皇宫，最后连国王也知道了，此事已非同小可。

过了一段时间，这群外教徒怕孙陀利无法再伪装下去，他们一不做、二不休，干脆将孙陀利杀死。然后又传出谣言说——僧团的人因怀恨而杀死孙陀利！事情演变得更为严重，国王立即下令彻查严办此事，后来终于真相大白，还给僧团清白。

此事水落石出之后，所有传布谣言的人都非常忏悔，因为他们只是听到谣言，即口耳相传，误会佛陀及他的僧团，连国王也不例外。所以，国王及民众都来到佛陀的面前，向佛陀求忏悔。

佛陀说："不怪你们，只怪自己曾造如是因，才会得如是果。"

大家就问佛陀:"这与佛陀有何因缘呢?"

佛陀就说出他与孙陀利的前世因缘:"久远劫以前,在一城市里,有一位风月场所中的女人与一位做小生意的商人相识,他们相约至荒郊野外散步。当时在田野中,有一位辟支佛自建茅棚在那里修行,那天辟支佛正好有事进城去,他们两人自行进入茅棚,后来这对男女因言语有些冲突,商人就狠狠地一刀将女人杀死,又将她的尸体埋在茅棚附近。"

后来有人谣传——辟支佛见色起念,侮辱了那女人,再将她杀死。国王听到消息即传令将辟支佛抓起来,甚至处以死刑。商人听到这个消息,非常忏悔,内心一直很不安,后来他良心发现,决定自己做事自己承担,所以他自首了。国王见到凶手,才将辟支佛释放,商人也就接受制裁而被处死。

佛陀又说:"当时那位女人就是现在的孙陀利,而商人就是过去的我,这是过去无数劫以前,我在凡夫地时所造的杀因恶业,使我生生世世都与孙陀利相遇,凡是我有成就之时就是她毁谤我的时刻。这是——如是因、如是果、如是报。"

大家听了佛陀过去无量劫前的本生故事，与现在所受的许多毁谤与冤枉，在场的每一位都心生警惕。佛陀应化在人间，他所遭遇的一切都在告诉我们——善恶果报须自己承受；自己所遭受的一切与过去生可能都有因缘。因此，对于我们自己的言行，怎能不多加谨慎小心呢？

图书在版编目(CIP)数据

证严上人说故事/释证严著.—上海:复旦大学出版社,2012.1(2018.10重印)
(证严上人著作·静思法脉丛书)
ISBN 978-7-309-07736-0

Ⅰ.证… Ⅱ.释… Ⅲ.佛教-通俗读物 Ⅳ.B94-49

中国版本图书馆 CIP 数据核字(2010)第 235644 号

原版权所有者:静思人文志业股份有限公司授权复旦大学出版社
出版发行简体字版

慈济全球信息网:http://www.tzuchi.org.tw/
静思书轩网址:http://www.jingsi.com.tw/
苏州静思书轩:http://www.jingsi.js.cn/

证严上人说故事
释证严 著
责任编辑/邵 丹

复旦大学出版社有限公司出版发行
上海市国权路 579 号 邮编:200433
网址:fupnet@fudanpress.com http://www.fudanpress.com
门市零售:86-21-65642857 团体订购:86-21-65118853
外埠邮购:86-21-65109143 出版部电话:86-21-65642845
崇明裕安印刷厂

开本 890×1240 1/32 印张 7.375 字数 102 千
2018 年 10 月第 1 版第 3 次印刷
印数 8 201—10 300

ISBN 978-7-309-07736-0/B·379
定价:26.00 元

如有印装质量问题,请向复旦大学出版社有限公司出版部调换。
版权所有 侵权必究